더 나은 AI,
더 나은 삶

이 저서는 2017년 대한민국 교육부와 한국연구재단의
지원을 받아 수행된 연구임(NRF-2017S1A6A3A01078538).

중앙대학교 인문콘텐츠연구소
HK+인공지능인문학 대중서

더 나은 AI,
더 나은 삶

강우규 김형주 남영자
문규민 정유남
지음

들어가는 말

"AI, 인간처럼 생각하고
감정을 느끼며 행동할 수 있을까?"

    이 책은 중앙대학교 인공지능인문학단에 속한 연구자들이 미래에는 AI가 인간의 삶과 우리 사회에 얼마나 큰 영향을 어떻게 미치게 될지 AI 인문학적 관점에서 고민한 흔적을 담은 것이다. 과연 인간의 삶은 AI와 공존하면서도 풍요로워질 수 있을지, AI로 인해 미래 사회는 인간 고유성이 파괴되며 불안해질지 아직은 단언하기 어렵다. 이 책에서는 AI 기술이 우리 사회에 던지는 물음들에 대해 어떻게 답해야 하는지를 연구자의 시각에서 담담히 그려내고 있다.

    중앙대학교 인문콘텐츠 연구소는 지난 2017년부터 '포스트 휴먼 시대, 인문학 가치 고양을 위한 인공지능인문학 구축'이라는 어젠다(agenda)로 다양한 전공의 연구자들이 협업하며 연구를 진행하고 있다. 21세기 인문학을 기반으로 하여 사회과학, 자연과학, 기술공학, 예술문화에 이르기까지 인공지능에 대한 이해 활용과 비판적 대안을 담은 인공지능인문학 설계와 융합 연구를 목표로 연구 활동을 이어가고 있다.

인공지능은 미래 사회에 어떠한 영향력을 미치게 되며 인간의 삶은 어떻게 변화하게 될 것인가? AI 기술 발전은 인간의 삶과 밀접하게 연관되어 있다. 우리는 이미 일상생활에서 AI 기술과 넘나들며 살아가고 있는지도 모른다. AI가 빠르게 발전하면 할수록 인문학적 성찰은 더욱 중요해진다. 어떻게 하면 AI와 공존하며 행복한 미래사회를 만들어 갈 수 있을까? AI 기술이 우리 삶을 변화하는 흐름을 막을 수는 없겠지만 그 방향성이 올바르게 가야하기에 인문학적 성찰을 하지 않으면 안 되는 것이다.

이 책은 인문콘텐츠 연구소에서 매주 발행하고 있는 칼럼을 인문학적 관점과 사회문화적 관점에서 주제별로 모았다. '포스트 휴먼 시대, 인문학 가치 고양을 위한 인공지능인문학 구축'이라는 연구소 어젠더를 지향하면서 성찰한 내용들을 반영한 것이다. AI 인문학적 관점에서 다룬 주제로는 AI 창작, AI 윤리, AI 번역, AI 언어와 관련된 주제들이다.

세부 주제들의 핵심적인 내용은 다음과 같다. 먼저, 'AI 창작'으로는 'AI가 과연 소설을 쓸 수 있는가'와 'AI 기반 스토리텔링'과 관련된 내용이다. 인간은 어려서부터 이야기와 함께 성장해 온다. 인간 고유의 영역으로 여겨지던 소설 창작이 AI 기술로 얼만큼 가능하게 된 것인지 이에 대한 반성적 답을 제시하고 있다. 다음으로, 'AI 윤리'와 관련된 주제이다. AI 기술 발전에서 인간의 삶을 위협할 만한 윤리적 이슈는 마땅히 고려되어야 한다. 인간의 가치 판단과 의사 결정의 영역까지를 AI 기술이 깊숙이 관여하고 있다. 인간만이 향유하던 철학적 물음들이 다시 AI를 통해 상기되었다. 데이터의 비윤리성 문제, 자율주행차, 군사로봇을 둘러싼 윤리적 문제에 대하여 철학자의 식견을 드러내고 있다. 그 다음으로는 'AI 번역'과 관련된 문제이다. 기계 번역은 오래 전부터 있어왔으나 인공신경망 접근에서의 AI 번역은 날로 발전하고 있다. 그럼에도 불구하고 인간들은 쉽게 알아차릴 만한 오류를 여전히 AI는 범하고 있다. AI가 인간만큼 번역을 잘해내기 위해서는 무엇이 문제인지 연구자는 비판적 시각에서 설명하고 있다. 마지막으로 'AI 언어'와 관련된 주제이다. AI 기술이 한국어에 적절하게 활용되려면 어떤 부분들을 고려해야 하는 것일까? 자연언어를 AI가 제대로 이해하도록 하려면 사회문화적 맥락 없이는 온전한 의미로 해석되기에 어렵다. 연구자는 빅데이터와 AI 알고리즘을 활용하여 남북한 사회문화, 비윤리성, 고맥락성, 방언의 가치성에 관한 문제를 제기하고 있다. 어쩌면 소설, 윤리, 번역, 언어라는 주제는 이미 오래 전부터 다루어졌던 것으로 다소 식상하게 들릴지도 모른다.

그렇지만 AI는 인간이 오래 전부터 향유해오던 영역에까지 도달하게 되었고 머지않아 인간처럼 사고하고 감정을 느끼며 행동하게 될지도 모른다. 이러한 위협과 불안감에서 우리는 다시 인간성에 집중하지 않으면 안 된다.

AI 인문학이라는 말이 다소 생소할지 모르겠지만 끊임없이 발전하는 AI 기술과 인간이 어떻게 상호작용하며 공존할 것인가, 인문학적 관점에서 바라본다고 생각하면 조금은 이해하기가 쉽다. 인공지능 기술은 한계 없이 발전하고 있고 문학, 예술, 음악, 철학 등 인간의 고유 영역으로 여겨지던 분야까지 진출하는 것은 시간문제일 것이다. 하지만 아직은 인공지능보다 인간이 우위를 점하고 있으며 앞으로 나타날 인공지능의 윤리적인 문제를 제대로 논의하기 위해서는 인문학적 성찰은 불가피하다. 인간을 위해 만들어지는 기술인 만큼 여기서 인간을 빼놓으면 이야기되지 않는다. AI 모델의 알고리즘과 데이터도 결국은 인간이 관여하여 학습시키는 것이다. 우리는 AI에게 올바르게 사고하고 감정을 느끼며 행동하도록 가르쳐야 한다. 인간의 모습에 거울로써 AI는 더욱 빠르게 발전할 것이다. AI가 발전할수록 인간다움이 무엇인지 탐구하지 않으면 안 된다.

AI 인문학은 인공지능의 발전 과정에서 빼놓을 수 없는 존재이다. 인공지능과 인문학의 관계를 생각해 보는 것으로도 앞으로 다가올 미래 사회를 맞이할 준비가 되었으리라 생각한다. 이 칼럼들을 통해 다양한 분야 속에 스며들어 우리의 삶을 변화시킬 인공지능에 대해 생각을 함께 나눠 보는 시간이 되었으면 한다. 미래 사회는 AI와 공존하며 우리 모두가 편리하면서도 풍요로운 삶을 누릴 수 있게 되길 바란다. 이 책이 나오기까지 HK+인문콘텐츠인문학단을 올바른 방향으로 이끌어 주신 중앙대학교 국어국문과 교수이자 인문콘텐츠 연구소 이찬규 소장님께 감사의 말씀을 드린다. 기꺼이 출판을 허락해 주신 마이북하우스 장치혁 대표님께도 감사의 말씀을 드린다. AI 인문학의 도전과 변주는 멈추지 않을 것이다.

"AI와 인간은 어떻게 공존해야 하는가? AI가 가져올 빠른 변화와 속도에 주목할 것이 아니라 어디를 향해 갈 것인가 방향성에 더욱 집중해야 한다. AI 인문학적 성찰이야말로 AI 기술 발전과 미래 사회 변화에 이정표가 될 것이며, 나아가 인간 중심의 학제적, 융복합적 연구를 도모하는 데에 중심축으로 자리매김할 것이다."

Contents

들어가는 말 • 5

1장 이야기로 스며드는 AI • 13
인공지능은 소설 작가가 될 수 있을까? • 15
인공지능 소설 작가 되다? • 21
희미해져 가는 가상과 현실의 경계 • 27
'이야기'와 '메타버스' 그리고 '이야기하는 인공지능' • 33
이야기하는 인공지능과 감정 • 40

2장 철학이 말하는 인공지능 • 47
"안녕 AI친구 이루다야. 우리가 다 자기만 알아서 그래." • 49
철 지난 좋은 AI(good old-fashioned AI)가 제철 맞는 AI보다 좋은 한 가지 이유 • 55
우리들의 기술응전기(技術應戰記) • 61
인공지능 시대, 아는 것이 힘이다 • 68
칸트와 인공지능 • 78

3장 AI야, 이것도 번역해줄래? • 85
인공지능 번역, 따라올 테면 따라와 봐. • 87
의료분야 인공지능 번역, 어디까지 왔나?
–깁스는 알고, 기부스는 모르쇠? • 93
'시(詩)'도 인공지능 번역이 되나요? • 99
인공지능 번역은 남성에 우호적이다? • 104
기계번역의 법적 근거 및 효력과 관련하여 • 111

4장 인공지능과 윤리 · 119
인공지능윤리, 그 잠재성의 중심 · 121
자율주행차, 무엇이 문제인가 · 127
인공지능윤리와 도덕성의 두 개념 · 133
군사로봇과 분산된 책임 · 139
가상현실과 삶의 의미 · 147

5장 AI, 한국언어문화 이해하기 · 153
딥러닝이 남북한 단어의 의미 차이를 안다? · 155
데이터가 알려주는 우리 사회의 민낯 · 160
AI와 이데올로기 · 165
AI, 표준어 말고 방언으로도 말해줘 · 171
AI, 한국어 사회문화적 맥락 이해하기 · 177

에필로그 · 183
그림출처 · 192

1장
>>>

이야기로 스며드는 AI

— HK연구교수 강우규 —

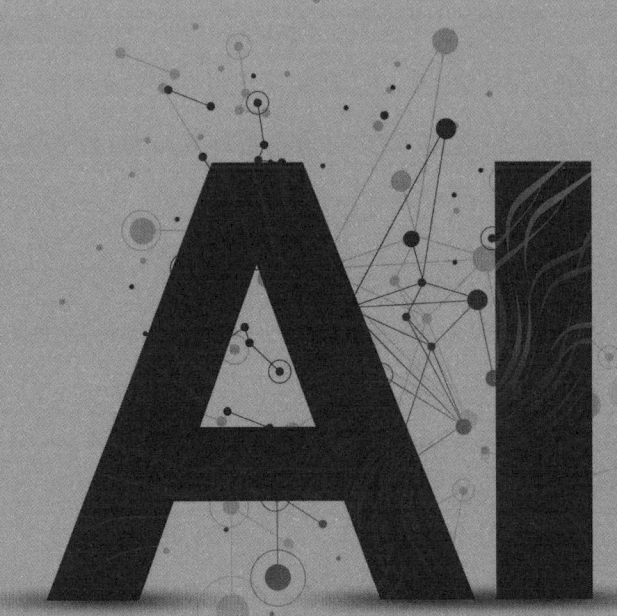

인공지능은 소설 작가가 될 수 있을까?*

    2016년 일본에서는 AI가 쓴 SF 단편소설 〈컴퓨터가 소설을 쓰는 날〉이 호시 신이치 문학상의 1차 예심을 통과한 적이 있고, 2018년 국내에서 KT가 주관하는 "인공지능소설공모전"이 개최되기도 하였다. 인간 고유의 영역이라고 생각되었던 소설 창작에 AI의 도전이 이루어지고 있다.

    인공지능의 글쓰기는 방대한 데이터를 분석하고 종합하여 재구성하는 과정으로 이루어진다. 이러한 글쓰기 방식은 기존의 이야기를 조합하고 배치하여 새로운 작품을 창작하는 웹소설의 스토리텔링과 유사하다고 할 수 있다. 웹소설은 고전과 현대의 다양한

---

* 이 글은 AI타임스에 수록됨.
http://www.aitimes.com/news/articleView.html?idxno=140241

그림 1

이야기들, 그리고 마스터 플롯과 수많은 클리셰 등을 차용하고 변주하여 인물, 사건, 배경 등의 세계관을 구성하고 서사를 전개한다. 그리고 이를 통해서 독자들의 관심을 유도하고 이야기의 개연성을 확보한다. 이러한 웹소설의 스토리텔링은 "모든 텍스트는 인용구들의 모자이크로 구축되며 모든 텍스트는 다른 텍스트를 받아들이고 변형시키는 것"이라는 크리스테바의 상호텍스트성을 여실히 보여주는 것이다.

그런데 정보를 조합하고 배치하는 스토리텔링은 웹소설에만 국한되지 않는다. 기본적으로 소설을 쓴다는 것은 이미 존재하는 세계를 조합하고 배치해서 또 하나의 세계를 완성해가는 작업이며, 21세기 한국소설의 한 특징이 조합형 소설로 파악되는 것이다. 이는 정지돈의 소설을 도서관 소설, 지식조합형 소설로 평가한다거나, 김중혁 소설가가 스스로를 '레고블럭'이라고 지칭하는 것에서도 알 수 있다. 즉 정보의 조합과 배치의 스토리텔링은 정도의 차이만 있을 뿐 오늘날의 대중문학과 순수문학 모두에서 활용되는 것이다.

인공지능의 소설 창작에 대하여 학계는 두 가지의 상반된 반응을 보여주었다. 그중 하나는 인공지능의 예술이란 창의라기에는 미흡한 의사(pseudo) 예술품을 대량 생산하는 작업이 될 것이고 예술적 글쓰기는 인간의 영역에 머물 것이라는 반응이고, 다른 하나는 창작 행위의 주도권이 인간에서 인공지능으로 넘어가기 시작했으며 인간이 만든 도구가 인간보다 훨씬 우월한 사고와 표현력을 지닌 창작의 주체가 될 것이라는 반응이다. 그런데 인공지능은 창의성을 지닐 수 없다는 관점에서 21세기 한국문학은 과연 창의적이라고 할 수 있을까? 다분히 인간 중심적인 관점에서 인간이 만든 조합형 소설은 창의적이고, 인공지능이 만든 소설은 창의적이지 않다고 생각하는 것은 아닐까?

물론 현재의 인공지능 소설은 인공지능이 만들어냈다기에 놀라울 뿐 단어도 부자연스럽고 문장도 유기적이지 못하며 전체 서사의 방향을 제시하지 못한다는 한계가 있다. 하지만 인공지능 기반 언어생성 모델은 비약적으로 발전하고 있다. 2019년에 OpenAI는 GPT-2(Generative Pre-trained Transformer 2)를 공개하였다. GPT-2는 약 800만 건의 웹페이지 데이터와 약 1,000만 건의 텍스트 데이터라는 방대한 데이터를 학습한 인공지능 기반의 언어생성 모델이다. GPT-2는 단어나 문장을 키워드로 제시를 하면 약 40GB의 데이터를 기반으로 기존에 인간들이 작성하던 뉴스 기사, 블로그 게시글, 소설 등의 글을 작성할 수 있다. 이러한 GPT-2의 글은 원인에서는 기존의 글(데이터)을 분석 종합 재구성하는 기계적 작업의 산물임에도 결과에서는 인간의 글과 마찬가지로 독립된 글(텍스트)로서 의미와 효용을 갖는다. 이는 인공지능이 충분한 양의 데이터를 학습하면 창의력과 자율성, 예술성을 획득할 수 있음을 증명한다고 할 수 있다. 이후 2020년 OpenAI는 또다시 GPT-3를 공개하였다. GPT-3는 GPT-2보다 최대 1000배나 큰 1750억개의 매개 변수를 가지고 있다. 기술적인 측면에서 GPT-2와 크게 다르지 않지만, 더 큰 모델로 더 많은 데이터를 학습한 GPT-3의 글쓰기는 이제 인간의 수준과 다를 바 없다고 평가받는다. 인간과 GPT-3 사이의 대화에서 누가 인간이고 누가 인공지능인지 구분하기 어려울 정도가 된 것이다. 나아가 GPT-3의 모방 표현은 인간의 정체성, 대행자, 불멸성 등에 대한 기존 개념의 변화를 초래할 가능성도 논의되고 있다. 이제 인간은 유한한 실존을 바깥으로 노출시키고 물질화하는 존재론적 행위로써 글쓰기의 유일한 주체가 아닐 가능성이 제기되는 것이다.

GPT-2와 GPT-3의 성능 차이는 모델과 데이터의 규모를 늘리는 것만으로 인공지능이 인간의 글과 유사한 수준을 글을 작성할 수 있다는 것을 의미한다. 그런데 GPT-3의 개발자는 GPT-3가 아직 심각한 약점이 있고 때로는 어리석은 실수를 한다며, 세상을 바꿀 AI의 초기 단계에 해당한다고 이야기한다. 개발자의 말대로 GPT-3가 세상을 바꿀 인공지능의 초기 단계라면, 기술의 발달과 자본의 투자로 지금보다 모델과 데이터의 규모가 획기적으로 늘어난 미래의 인공지능 기반 언어생성 모델은 인간의 것과 구분할 수 없는 창의적인 소설을 창작할 가능성도 존재할 것이다. 최소한 이야기의 조합과 배치를 적극적으로 활용하고 있는 웹소설의 공동작가 역할은 충분히 할 수 있을 것이다.

이미 인간은 '드라마티카 프로(Dramatica Pro)', '스토리헬퍼(storyhelper)' 등 디지털 서사 창작 도구를 활용하여 이야기를 창작하고 있다. 아직은 공학적인 전문성을 요구하기 때문에 활용되지는 못하지만, 글 쓰는 인공지능 역시 기존의 디지털 서사 창작 도구처럼 실제 소설 작가들의 스토리텔링 도구가 될 날이 올 것이다. 그런데 인공지능 기술이 더욱 발달하여 소설 창작에 있어서 인간과 인공지능의 역할 비중이 역전된다면, 그때에도 인간만이 소설 창작의 주체이고, 인공지능은 도구일 뿐이라고 이야기할 수 있을까? 하지만 이러한 단계에 이르면 "인공지능은 소설 작가가 될 수 있는가?"는 어리석은 질문이 될 것이다. 글 쓰는 인공지능만 사용하면 누구나 소설을 창작할 수 있는 세상에 소설 작가라는 직업 자체가 유물(遺物)이 될 것이기 때문이다.

인공지능
소설 작가 되다?

"인공지능 소설 작가 되다?"

오늘날 AI 기술은 하루가 다르게 발전하고 있다. 사회 전반의 모든 분야에 대한 AI의 도전은 계속되고 있고, 문학의 영역 역시 마찬가지이다. 2016년 일본에서 AI가 쓴 SF 단편소설이 공모전 예심을 통과하여 세간의 주목을 받은 이후, 2017년에는 중국에서 AI가 쓴 시집이 출간되었고, 2018년에는 한국에서 AI를 이용한 소설 공모전이 개최되기도 하였다. 문학 창작이 더 이상 인간 고유의 영역이 아닐 수 있게 된 것이다.

2019년에는 OpenAI에서 GPT-2(Generative Pre-trained Transformer 2)를 공개하였고, 2020년에는 그보다 발전된 GPT-3

그림 2

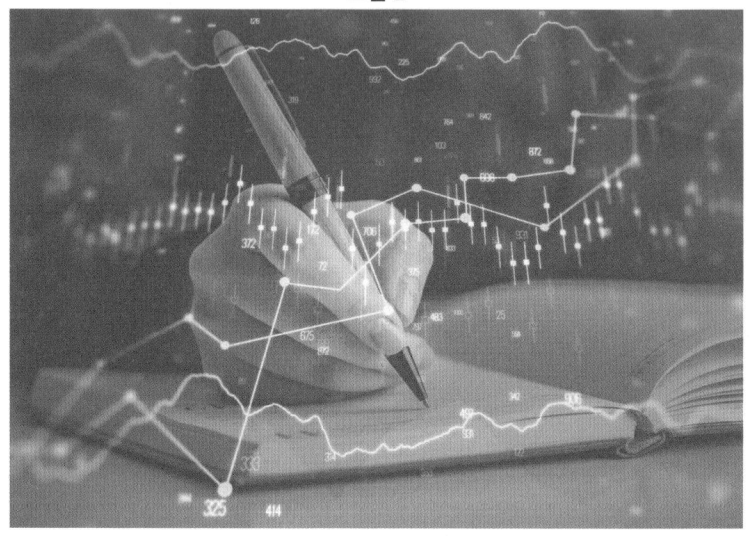

를 공개하였다. 2021년 네이버는 한국어 맞춤형 언어생성 모델이라고 할 수 있는 "HyperCLOVA"를 공개하였다. 방대한 텍스트 데이터를 사전 학습한 언어생성모델의 등장은 '인공지능이 소설의 작가가 될 수 있을까?'를 고민하도록 만들었다. 이들이 방대한 데이터를 분석하고 종합하여 재구성하는 글쓰기 방식이 다양한 이야기와 마스터 플롯, 수많은 클리셰 등을 차용하고 변주하는 웹소설의 스토리텔링 방식과 유사하다고 여겨지기도 했다. 하지만 인공지능 언어생성모델은 사전 학습된 텍스트들의 문체를 모방하는 수준에 그치고 있어서 단편소설은 가능할지 몰라도, 아직까지는 다양한 인물들의 개성 있는 목소리를 드러내는 장편소설의 창작은 불가능할 것으로 판단되었다. 그런데 2021년 8월 25일 인공지능이 장편소설의 작가가 되었다는 기사가 공개되었다. 그 주인공은 AI 스타트업 '다품다'와 자연어 처리(NLP) 스타트업 '나매쓰'의 협업을 통해 개발한 AI 소설가 "비람풍(毘嵐風)"이며, "비람풍"이 쓴 500여 쪽 분량의 장편소설은 『지금부터의 세계』이다.

  이 작품은 수학과 교수이자 인공지능 스타트업 대표인 이무기, 지체장애 수학자 이임박, 정신건강의학과 교수 이미지, 천체물리학 박사 이금지, 이금지의 고등학교 선배로 천재 물리학 전공자였던 백지 스님 등 혈연, 지연으로 묶인 주인공들이 각자의 자리에서 존재의 비밀을 탐구하며 수학을 매개로 하나로 모인다는 내용이다. 그런데 전문직에 종사하는 5명의 주인공은 일상생활을 영위하며 자신의 전문지식을 끊임없이 설명하는 데 여념이 없고, 서사는 떠들썩한 사건 없이 잔잔하게 흘러간다. 이러한 문체적 특징은 사전 학습된 텍스트들의 문체를 모방하는 인공지능 언어생성 모델의 한계라고 할 수 있을 것이다. 하지만 작품 속에서 백지 스님이 백지를 흔들며 "이게 다야, 다"하고 고함치는 대목에서는 불교의 깨달음을 은유적이면서도 해학적으로 풀어내는 문체적 기교도 엿볼 수 있다. 이 작품은 주인공 이무기를 중심으로 AI가 소설을 창작하는 과정을 그려내기도 하는데, 이는 소설 작가 김태연과

AI 소설가 '비람풍'이 『지금부터의 세계』를 창작해나가는 과정을 서사화한 것처럼 여겨진다.

소설 작가 김태연은 이 작품에서 자신을 소설감독이라고 칭하며, 자신은 '비람풍'이 차린 밥상에 수저만 얹었다고 이야기한다. 그리고 주제, 소재, 배경, 캐릭터, 플롯의 설정 등 자신의 구상에 따라 작품 대부분을 '비람풍'이 집필하였고, 자신은 초반 2개의 에피소드 집필(약 5쪽 분량) 및 소설 제목과 각 장의 타이틀 및 인용 문구 선정, 특정 챕터의 편집 및 최소한의 교정과 교열만을 담당했다고 하였다.

『지금부터의 세계』에 대하여 출판사는 세계 최초의 본격 AI 소설로서 인간 작가의 영역을 넘나든다고 평가했고, 언론에서는 한국 문학사 최초로 인간이 아닌 기계가 소설가로 데뷔했다며 기사화했으며, 이문열 작가는 무수한 물음표를 던지는 우리 시대의 문제작이라며 추천사를 작성했다. 감독의 말이나 작품에 대한 평가들을 보다 보면 AI '비람풍'이 마치 인격체처럼 느껴진다. 그리고 지금은 작가의 구상 아래 집필했지만, 머지않아 AI가 단독으로 소설을 창작할 수 있으리라 여겨지기도 한다. AI 기술의 놀라운 발전에 대한 기대와 인간을 대체할 AI의 등장에 대한 두려움도 느끼도록 한다.

그런데 여기에는 반드시 짚고 넘어갈 부분이 있다. 작가도 이야기한 것처럼 이 작품은 AI "비람풍" 혼자서 온전히 쓴 것이 아니고, '집필'과 '창작'이 동일한 의미의 용어가 아니라는 점이다. '집필'은 글을 쓴다는 것이다. 여기에서 글은 다양한 성격을 포괄하기 때문에, "소설을 집필하다.", "논문을 집필하다."라는 표현이 모두 가능하다. 반면에 아직까지 '창작'이란 용어는 독창성과 개성이 중시되는 예술 작품에 한정하여 사용된다. 예술 작품이 아닌 "논문을 창작하다"라고 표현하지 않는다는 것이다. 더욱이 '창작'은 특정한 의도를 바탕으로 예술 작품을 '구상'하고 '생산'하는 행위를 의미한다. 그런데 '비람풍'의 집필에는 '생산'의 행위는 들어있지만, 특정한 의도와 작품을 구상하는 행위는 존재하지 않는다. 따라서 '비람풍'의 집필 행위는 소설 창작 행위가 아니고, '비람풍'을 소설 창작의 행위 주체인 작가라고 할 수도 없다. '비람풍'은 작가의 창작 의도에 부합되는 문장들을 연속적으로 잘 생성해준 성능이 뛰어난 인공지능 언어생성모델 그 자체인 것이다.

디지털인문학 분야의 한 전문가는 인공지능이 장편소설을 '창작'하기 위해서는 소설의 여러 요소 각각의 데이터들을 개별적으로 학습한 여러 개의 인공지능을 결합해야 가능할 것이라고 말하였다. '모든 서사물은 이야기라고 불리는 내용의 국면과 담론이라고 불리는 표현의 국면을 가진 하나의 구조이다.'라는 채트먼의 서사구조 이론에 따르자면, 이야기를 구성하는 '사건요소[행위(action), 우발사건(happenings)]'와 '존재요소[등장인물(characters), 배경(settings)]' 각각의 데이터들을 학습한 인공지능들과 담론 데이터를 학습한 인공지능을 결합한다면 인공지능의 장편소설 '창작'도 가능하다는 것이다. 하지만 이 역시도 소설 전문가들이 소설 요소에 대한 무수히 많은 개별 데이터들을 구축해야만 가능하기 때문에 당장의 실현은 어려울 것이다. 또한 어떻게든 데이터가 구축된다고 하더라도 인공지능이 자아를 지니지 못하는 이상 창작 의도를 지니지 못할 것이고, 결국은 인간의 의도에 따라 문장을 생성하는 도구에서 벗어나기는 힘들 것이라 생각된다.

'비람풍'과 같은 인공지능 언어생성모델은 '드라마티카 프로(Dramatica Pro)', '스토리헬퍼(storyhelper)'와 같은 기존의 디지털 서사 창작 도구의 발전된 형태라고 볼 수 있다. 아직은 공학적인 전문성 때문에 대중적으로 활용되지는 못하지만, 가까운 미래에는 인공지능 언어생성모델이 기존의 디지털 서사 창작 도구처럼 소설 작가들의 스토리텔링 도구가 될 것이고, 대필 작가의 역할은 충분히 수행할 수 있을 것이다.

희미해져 가는
가상과 현실의 경계

　2000년대 〈달빛조각사〉라는 가상현실 게임 소재의 인터넷 소설이 크게 유행하였다. 이후 〈달빛조각사〉는 '게임 판타지 소설'이라는 장르 유형의 정립을 이끌었다. 〈달빛조각사〉와 같은 게임 판타지 소설은 MMORPG가 성행하던 당시의 시대 상황 속에서 MMORPG의 양식을 소설에 재현하여 독자들에게 게임과 소설의 재미를 모두 충족시켜주었다. 이러한 게임 판타지 소설에서 가상현실 게임과 실제 현실은 이원화된 공간으로 형상화되었다. 이를 바탕으로 주인공은 현실에서는 보잘것없을지라도 '게임 잘하는 능력(게임 숙련도)'을 통해서 정직한 보상을 받고 불합리한 현실을 극복하는 모습을 보여주었다.

그림 3

그런데 2010년대 중후반부터 게임 판타지 소설 장르는 다른 장르 소설과 결합되면서 퓨전화되었다. '게임 빙의물', '헌터물(또는 레이드물)', '아포칼립스물', '성좌물' 등으로 불리는 퓨전 게임 판타지 장르가 활성화된 것이다. 이러한 웹소설은 대체로 현실과 게임의 가상공간을 이원화하지 않는다. 게임이 곧 현실이고 현실이 곧 게임인 일원화된 공간을 구현하는 것이다. 이러한 변화는 스마트폰의 발달로 인한 게임 환경의 변화와 관련된다. 스마트폰의 발달은 온라인에서 모바일로 게임 환경을 변화시켰다. 컴퓨터 앞에 앉아야만 즐길 수 있던 MMORPG에 비해서 모바일 게임은 대중들이 언제 어디서든 즐길 수 있었고, 많은 시간과 노력을 통해 숙련도를 높여야 했던 MMORPG와 달리 모바일 게임은 '현금 결제'로 그 시간과 노력을 대체할 수 있었다. 즉 게임이라는 가상세계와 실제 현실의 이분법이 무의미해지기 시작한 것이다.

가상과 현실의 관계 변화는 또한 오큘러스 리프트, 바이브 등 VR(가상현실)기기의 상용화, 포켓몬고와 같은 AR(증강현실) 게임의 성공과도 밀접하게 관련된다. VR, AR 게임 이전의 온라인게임은 컴퓨터 기술을 토대로 현실과 별개의 가상공간을 만들었다. 가상(게임)과 현실은 컴퓨터를 통해 온라인으로 접속해야만 연결되는 이원화된 공간이었다. 그런데 VR과 AR 게임의 상용화는 이원화되었던 가상과 현실의 관계를 변화시켰다. VR 게임은 컴퓨터 기술과 VR기기를 통해 가상(게임)과 현실을 연결한다는 점에서는 기존의 온라인게임의 이원화된 공간과 유사한 공간을 구현한다고도 볼 수 있지만, 게이머에게 더 많은 감각과 집중을 동원하게 만들고 이를 통해 게이머에게 게임 속에 들어가 있는 듯한 느낌을 준다. 따라서 VR 게임은 게이머가 가상의 세계에 몰입하여 현실과의 단절을 경험하도록 한다. AR 게임은 게임을 현실 위에 덧씌우고, 게임과 현실 사이의 경계를 지워버리거나 희미하게 만든다. 가상의 게임이 현실의 물리적 공간에서 플레이되고, 가상세계를 위해 현실이 동원되는 것이다.

VR, AR 게임에서 살펴볼 수 있는 가상과 현실의 관계 변화는 퓨전 게임 판타지 장르가 현실과 단절된 가상의 공간을 구현하거나, 가상과 현실이 겹쳐진 세계를 구현하는 것과 관련된다. VR 게임은 '게임 빙의물'이라고 불리는 하위 장르와, AR 게임은 '헌터물', '아포칼립스물', '성좌물' 등의 하위 장르와 연결할 수 있는 것이다. 먼저 '게임 빙의물'은 고인물 게이머가 자신이 하던 게임의 세계에 소환되어 사전 지식을 통해 모험하는 장르로서 VR 게임과 같이 현실과 단절된 가상의 공간을 구현한다. '헌터물', '아포칼립스물', '성좌물' 등으로 불리는 웹소설은 몬스터와 던전이 출몰하거나 게임 시스템이 현실에 덧씌워져서 세계의 멸망이나 대재앙이 일어난 현대사회를 배경으로 서사를 전개한다. AR 게임처럼 가상(게임)이 현실에 겹쳐진 세계를 구현하는 것이다. 이러한 공간 설정을 기반으로 웹소설은 인간에서 벗어난 존재, 비인간에서 벗어난 존재 등 포스트휴먼을 대중적으로 상상하고 있다.

퓨전 게임 판타지의 공간은 미래사회의 일면을 시사한다고 볼 수 있다. 가상과 현실의 경계가 무너진 공간은 (작가가 의도했든 아니든) VR과 AR 기술의 발달로 야기될 수 있는 미래사회의 문제 상황이 대중적 상상력을 통해 구현된 것으로 이해할 수 있기 때문이다. 가상과 현실의 구분이 어려울 정도로 자연스러운 VR과 AR 기술의 발달은 말 그대로 인간이 가상과 현실을 구분하지 못하는 문제 상황에 봉착할 가능성을 내포한다. 실제로 VR과 AR 게임이 상용화되면서 사회적 문제가 대두되기도 하였다. AR 게임인 '포켓몬고' 출시 후 148일간 '포켓스탑' 부근에서 운전하면서 게임을 한 사람들로 인해 미국 전역에서 사용된 경제학적 비용은 20억~73억달러(약 2조~7조8000억원)에 달한다는 연구 결과가 발표되기도 하였고, VR 게임으로 인해 사망사고가 발생하기도 하였다. 이러한 문제들은 VR과 AR 기술의 발달이 가상과 현실의 경계를 모호하게 만들기 때문에 발생한다.

아직 VR 게임은 기기를 착용한 눈과 귀가 인식하는 가상세계와 플레이어의 신체가 감지하는 현실 환경의 어긋남 때문에 사이버 멀미라고도 불리는 어지러움이나 울렁거림을 발생시킨다. 이러한 사이버 멀미는 가상현실을 가상현실로 인식하게 하는 닻과 같은 존재로 작동하고 있다. 이러한 사이버 멀미는 결국 VR-AR 기술의 발달로 해소될 것이다. 이는 VR, AR 기술이 가상세계의 감각적 몰입도를 높이는 '텔레프레즌스(Telepresence)'에 주목하는 것에서도 알 수 있다. '텔레프레즌스'는 커뮤니케이션 연구에서 먼저 주목한 개념으로, '현상체가 현실 세계를 떠나 가상세계로 이동함에 따라 가상세계의 사물과 인물에 대해 마치 현실 세계의 사물과 인물에 대해 반응하는 것과 유사한 심리적, 행동적 반응을 보이는 현상'으로 정의된 바 있다. 이러한 텔레프레즌스 현상은 가상세계의 감각적 몰입도가 높을수록, 가상세계의 감각적·인지적 충실도가 뛰어날수록 발생할 가능성이 크다. 따라서 VR, AR 기술이 텔레프레즌스에 주목한다는 것은 가상세계의 감각적 몰입도, 감각적·인지적 충실도를 높인다는 것이고, 이는 결국 가상과 현실의 경계를 희미하게 만드는 결과를 초래할 것이다.

2021년 VR, AR 기술과 관련하여 '메타버스(Metaverse)'라는 개념이 다시금 주목받고 있다. 사전적으로 메타버스는 "웹상에서 아바타를 이용하여 사회, 경제, 문화적 활동을 하는 따위처럼 가상 세계와 현실 세계의 경계가 허물어지는 것을 이르는 말"로 정의된다. 디지털 게임이나 퓨전 게임 판타지 소설 등에서 서사적 상상력으로 구현되던 가상과 현실의 일원화된 세계가 일상 현실로 그 영역을 확장하는 것이다. 이렇게 가상과 현실의 경계가 희미해지는 오늘날 상황은 웹소설에서 그려내는 인간과 비인간의 관계 즉 포스트휴먼 담론에 대한 진지한 고민을 요구하고 있다.

'이야기'와 '메타버스' 그리고 '이야기하는 인공지능'

"이야기는 현실을 반영하여 개연성 있는 미래를 상상하고 이러한 상상들은 미래의 현실이 되어 왔다. 실재를 지향하는 과학 기술과 허구를 바탕으로 한 대중적 상상력은 대립적인 관계가 아닌 상호보완적인 관계에 있다."

2021년 한 해 가장 큰 관심을 받았던 과학 기술을 하나 꼽는다면 단연 '메타버스(Metaverse)'를 빼놓을 수 없다. '메타버스'는 가상, 초월을 의미하는 '메타(Meta)'와 세계, 우주를 의미하는 '유니버스(Universe)'의 합성어로 '가상과 현실이 상호작용하며 그 속에서 사회적·경제적·문화적 활동이 이루어지면서 가치를 창출하는

---

* 이 글은 아트앤테크 플랫폼에 수록됨.
https://www.arko.or.kr/artntech

그림 4

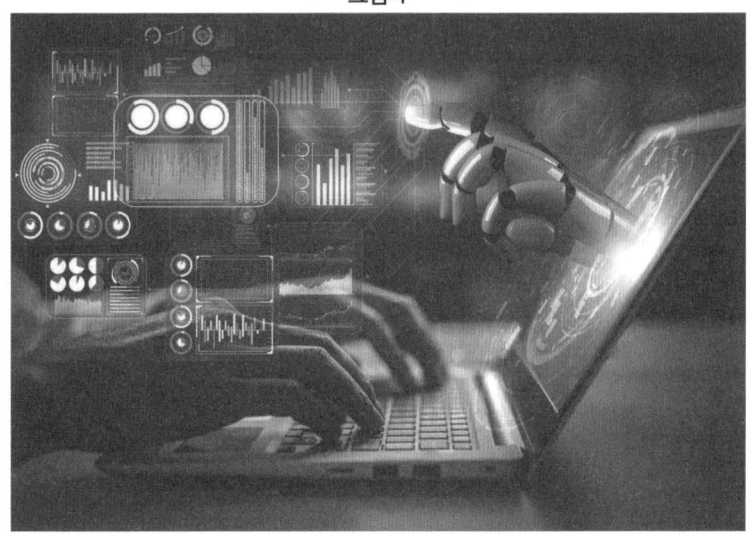

세계'를 의미한다.

'메타버스'는 근래에 새롭게 등장한 용어는 아니다. '메타버스'라는 개념과 용어는 1992년 발표된 닐 스티븐슨(Neal Stephenson)의 SF소설 〈스노우 크래쉬(Snow Crash)〉에서 처음 등장했다. 1992년은 이제 막 퍼스널 컴퓨터와 인터넷이 세상에 소개된 시점이었던 점을 고려하면, 작품에서 3D 가상세계로 묘사되던 '메타버스'는 당시 작가가 상상할 수 있는 가장 발전된 형태의 가상세계였다고 할 수 있다.

퍼스널 컴퓨터와 웹2.0이 대중화되면서 문학적 상상력에서 출발한 '메타버스'는 과학 기술적 측면에서 디지털 시대의 미래를 상상하고 전망하는 용어로서 유의미하게 재등장했다. 2007년 미국의 ASF(Acceleration Studies Foundation)의 'MetaVerse Roadmap' 보고서에서 가상과 현실이 융합된 메타버스를 전망한 것이다. 하지만 아직 2차원 세상에 머물러 있던 월드와이드웹은 메타버스의 문학적 상상력을 재현하는 데에는 어려움이 있었다.

2000년대 중후반 '메타버스'의 현실적 구현은 기술적인 한계에 부딪혔지만, 그 가능성은 문학적 상상력을 통해 활발하게 모색되었다. 〈달빛조각사〉(2007.01~2019.07), 〈소드 아트 온라인〉(2009.04부터 발매 중) 등과 같이 VR기기를 통해 가상과 현실 세계를 오가는 수많은 게임 판타지 장르의 작품들이 대중적인 인기를 누렸고, 〈매트릭스〉, 〈아바타〉와 같은 SF 영화를 통해 가상과 현실의 상호작용이 서사화되었다.

2010년대 중후반 IT 기술과 VR 기술 등이 발달하면서, 오큘러스 리프트나 바이브와 같은 휴대용 VR 장비가 상용화되고 게임 판타지 장르에서나 구현되던 VR 게임 역시 대중화되기 시작했다. 기존의 한계를 극복하고 3D 가상세계를 구현하는 과학 기술이 대중화되면서 메타버스에 대한 문학적 상상력은 더욱 다채로워졌다. 현실과 가상을 이원화해서 인식하던 기존의 경향과 함께 현실과 가상이 겹쳐지고 현실 존재와 가상 존재가 상호작용하는 메타버스의 세계를 구현하기 시작한 것이다.

2021년 현재, 실감 콘텐츠를 가능하게 하는 5G·VR·AR 기술의 발전과 코로나19 사태로 인한 비대면 시대의 급속한 도래로 메타버스는 차세대 플랫폼으로 급부상하였다. 닐 스티븐슨이 상상했던 3D 가상세계로서의 메타버스는 이미 실현되었고, ASF에서 전망했던 가상과 현실이 융합된 메타버스 역시 다양한 형태로 시도되고 있다. 물론 '사이버 멀미(VR기기를 착용한 눈과 귀가 인식하는 가상세계와 플레이어의 신체가 감지하는 현실 환경의 어긋남 때문에 발생하는 어지러움이나 울렁거림)'와 같은 기술적인 한계로 인해 현실과 메타버스의 경계는 사실상 명확하게 체감된다. 하지만 VR 기술은 이러한 한계를 극복하기 위하여 가상세계의 감각적 몰입도, 감각적·인지적 충실도를 높이는 방향으로 발전하고 있으며, 그 결과는 가상과 현실의 융합, 현실과 구분하기 어려울 정도로 자연스러운 가상세계의 구현으로 나타날 것이다.

메타버스에 대한 문학적 상상력이 과학 기술로 재현되었던 과거를 비추었을 때, 게임 판타지나 SF 영화에서 상상했던 '플레이어(Player Character)'와 'NPC(Non Player Character)' 또는 '인간'과 '인공지능'이 상호작용하는 메타버스 또한 기술적으로 구현될 가능성이 존재할 것이다. 그리고 이러한 가능성의 실현을 위해서는 이동 통신 기술 및 VR 기술의 발전도 중요하지만, 무엇보다 이야기와 인공지능 기술의 융합이 필요할 것이다.

존 닐(John Niels)은 『호모 나랜스(Homo Narrans)』에서 인간은 이야기하려는 본능이 있고, 이야기를 통해 사회를 이해한다고 주장한다. 브라이언 보이드(Brian Boyd)는 『이야기의 기원(On the Origin of Stories)』에서 '이야기'가 인간의 진화에 매우 중요한 '적응'이었다고 파악하고, 조너선 갓셜(Jonathan Gottschall)은 『스토리텔링 애니멀(The Storytelling Animal)』에서 '이야기의 시뮬레이션 이론'을 제기하며 이야기가 인간의 생존에 유리한 본능임을 주장한다. 이러한 견해들은 결국 '이야기'가 인간을 이해하는 본질임을 나타낸다. 따라서 '이야기하는 인간'과 상호작용하며 소통할 수 있는 인공지능은 '이야기하는 인공지능'일 것이다.

이와 관련하여 이야기와 인공지능 기술의 융합은 이미 시도되고 있다. 2016년 일본에서 SF 단편소설 공모전 예심을 통과한 인공지능, 2017년 중국에서 시집을 출간한 인공지능 등 언론 보도를 통해 대중적으로 잘 알려진 글 쓰는 인공지능들이 그것이다. 이러한 사례들은 이야기하는 인공지능의 미래, 이야기와 인공지능 기술의 융합 가능성을 시사했다. 이후 2019년 OpenAI에서 'GPT-2(Generative Pre-trained Transformer 2)'라는 인공지능 언어모델을 공개하고, 연이어 그보다 발전된 'GPT-3'를 공개하였다. 2021년에는 네이버에서 한국어 맞춤형 언어모델이라고 할 수 있는 'HyperCLOVA'를 공개하였다. 이러한 인공지능 언어모델은 방대한 텍스트 데이터를 사전 학습함으로써 인간이 쓴 글인지 기계가 쓴 글인지 구분하기 어려울 정도로 인간적인 글쓰기에 근접했고, 이야기와 인공지능 기술의 효율적인 융합 가능성을 높여주었다. 그리고 2021년 8월에는 AI 스타트업 '다품다'와 자연어 처리(NLP) 스타트업 '나매쓰'가 협업하여 개발한 AI 소설가 '비람풍(毘嵐風)'이 500여쪽 분량의 장편소설을 집필했다는 뉴스가 보도되기도 했다. 인공지능의 언어생성 기술이 인간의 소설 창작 행위와 유사한 수준까지 발전한 것이다.

대중적으로 잘 알려지지는 않았지만, 문학 연구자들이 인공지능 언어모델을 통해 소설작품을 분석하는 디지털 인문학 역시 이야기와 인공지능 기술의 융합 가능성을 높이는 한 축을 담당하고 있다. 상호소통의 측면에서 이야기하는 것만큼 이야기를 듣는 것도 중요하다는 점에서 이야기 분석 능력은 '이야기하는 인공지능'에 꼭 필요한 것이다. 이와 관련하여 인공지능 기술을 통해서 문학작품에 나타난 감정을 연구하려는 시도들이 있어 주목된다. 문학작품에 나타난 감정을 연구한다는 것은 작품에 대한 단순 분석을 넘어 인문학적 해석과 이해의 영역으로 이행하는 것이기 때문이다. 이러한 연구들에서 인공지능은 긍정과 부정의 감정을 비교적 정확하게 판별하지만, 아직 구체적이고 개별적인 감정을 식별하지는 못하고 있다. 그 이유는 인공지능이 학습하는데 필요한 데이터 즉 개별 감정을 식별한 데이터가 부족하기 때문이다. 하지만 인공지능에게 인간의 감정을 이해시키기 위한 연구들이 계속해서 진행되고 이를 통해 수많은 감정 데이터들이 축적된다면, 언젠가는 인공지능이 인간의 감정을 구체적으로 식별하는 날도 올 것이다. 그리고 머지않아 인간의 이야기를 듣고 인간에게 이야기하며 인간과 상호작용하는 인공지능을 볼 수 있지 않을까?

이야기하는 인공지능과 감정

인공지능 기술은 하루하루가 다르게 발전하고 있다. 인간이 해오던 많은 일을 인공지능이 대신하고 있으며, 이는 문학 나아가 예술 분야도 예외가 아니다. 2021년 8월 AI 스타트업 '다품다'와 자연어 처리(NLP) 스타트업 '나매쓰'가 협업하여 개발한 AI 소설가 '비람풍(毘嵐風)'이 500여쪽 분량의 장편소설을 집필했다는 뉴스가 보도되었다. 기존에 알려진 AI 소설이 거의 단편이었던 것과 대비하면 AI 기술의 획기적인 발전이라고 할 수 있다. '비람풍'과 같은 AI 언어생성모델은 아직 대필 작가의 수준이지만 '이야기하는 인공지능'의 가능성을 시사한다.

그런데 이야기는 화자와 청자, 작자와 독자의 상호소통 행위를

그림 5

전제로 한다. 이러한 상호소통은 단순히 언어를 통해 의사를 주고받는 것이 아니라, 언어를 초월한 공감 즉 감정소통을 의미하는 것이다. 이야기에서 감정은 인물, 사건, 배경, 플롯, 문체, 수용, 주제 등 전 범위에 걸쳐 관여하면서 텍스트의 정체성을 만들고 독자의 감정이입을 이끌어 서사의 설득력을 높이는 역할을 하기 때문이다. 즉 인간이 이야기를 창작하고 이해하는 바탕에는 인간의 감정이 자리하는 것이다. 따라서 '이야기하는 인공지능'은 이야기를 통해 인간과 감정소통이 가능해야 한다.

'감정'은 인간과 인공지능의 차이를 설명할 수 있는 가장 근본적인 요인이라는 인식이 강하다. 이를 거꾸로 말해서 인공지능이 '감정'을 이해한다면 인공지능과 인간지능의 구분이 무의미해진다는 것이다. 따라서 인공지능 기술 영역에서도 인간의 '감정'에 주목하여, 인공지능이 학습할 수 있는 감정 데이터들을 구축하고, 이를 토대로 감정을 식별하는 알고리즘의 개발을 끊임없이 시도하고 있다. 그런데 인공지능의 감정 이해를 말하기 위해서는 인간의 '감정'에 대한 이해가 선행되어야 한다. 인간의 감정이란 선천적으로 타고나는 것인가 아니면 학습되는 것인가? 감정이란 보편적인가 아니면 문화적인가? 등의 질문에 어떻게 답변하는가에 따라서 인공지능의 감정 이해 여부가 달라질 수 있기 때문이다.

인간의 감정은 외부 자극으로 인해 신체적 생리적 반응을 불러일으키며, 인지적 판단(평가)과 사회문화적 성격을 함의한다. 이러한 감정의 정의는 '감정은 신체 경험에 기초하기 때문에 문화나 언어와 관련 없이 기본 감정(또는 보편 감정)이 존재한다는 주장'과 '기본 감정이란 존재하지 않고 사회문화적 환경과 맥락에 따른 다양성만이 존재한다는 정반대의 주장'을 함유하고 있다. 기본 감정의 존재를 인정하는 본격적인 연구는 찰스 다윈의 『인간과 동물의 감정 표현(The Expression of the Emotions in Man and Animals)』(1872)에서부터 시작된다고 할 수 있다. 다윈은 이 책에서 감정과 감정 표현이 아주 오래된 인간의 본성 중 일부이며, 학습이나 모방과는 상관없이 누구나 본능적으로 감정을 표정으로 나타낼 수 있고 인식할 수 있다고 주장했다. 보편적이며 선천적인 감정의 존재를 인정하고, 진화론적 입장에서 감정을 파악한 것이다. 이후 다윈의 이론을 계승한 폴 에크먼을 비롯한 진화심리학자들은 기본 감정을 객관적으로 입증하는 연구를 진행하였다. 폴 에크먼은 생물학적 지문을 가지고 있을 것으로 추측된 여섯 가지의 기본 감정(분노, 공포, 혐오, 놀라움, 슬픔, 행복)을 표현한 표정(다소 과장하거나 인위적으로 연출한 표정)의 사진들을 제시해주고 피험자들이 감정 표현을 얼마나 잘 인식하는지를 연구했고, 이를 통해 전 세계 곳곳의 사람들이 각각의 얼굴에 대해 동일한 감정의 단어를 일관되게 선택한다는 사실을 증명하면서 기본 감정 존재를 입증했다. 이후 기본 감정을 인정하지 않는 학자들의 비판을 받았던 폴 에크먼은 『얼굴의 심리학(EMOTIONS REVEALED)』(2003)에서 표정(감정)이란 '사회적으로 학습되는 것이며 문화권별로 다른 경우가 많다는 전제를 인정하면서도 보편적 법칙이 있다'고 주장하였다. 감정의 바퀴(Wheel of Emotions)로 유명한 로버트 플루치크 역시 기본 감정을 인정하고 이를 기쁨(joy), 신뢰(trust), 공포(fear), 놀람(surprise), 슬픔(sadness), 혐오(disgust), 분노(anger), 기대(anticipation)로 설정하고, 이러한 기본 감정이 감정의 강도에 따라 또는 서로 결합하거나 섞여서 이중 감정이 발현된다고 파악하였다.

기본 감정의 존재를 인정하는 않는 후자의 견해에서 영장류학자 프란스 드발은 『동물의 감정에 관한 생각-동물에게서 인간 사회를 읽다(Mama's Last Hug: Animal Emotions and What They Tell Us about Ourselves)』(2019)에서 모든 감정이 생물학적이고 필수적이라고 주장한다. 기본 감정 이론에서 감정을 생존에 필수적인 (생물학적이고 원시적이며 다른 종과 공유되는) 기본 감정과 정형화된 표현이 없으며 문화에 따라 차이가 존재하는 인간들만의 2차, 3차 감정으로 구분하는 것에 대하여, 인간의 감정이란 신체 기관과 같아서 모든 감정이 각자 합당한 이유가 있어서 진화했다고 주장하는 것이다. 뇌신경과학연구자인 리사 펠드먼 배럿 역시 『감정은 어떻게 만들어지는가?(How Emotions Are Made)』(2018)에서 뇌의 어느 영역에도 감정에 대한 지문이 없음을 밝히고 인간의 감정이란 다양성이 표준이라고 주장하였다. 그리고 '흔히 감정이라고 부르는 것은 감정 범주라고 표현하는 것이 적절하고, 이러한 감정 범주는 적절한 패턴 분류를 통해서 통계적 의미를 추출할 수 있다'고 하였다.

  기본 감정의 존재에 대한 두 견해의 대립은 아직 끝나지 않았다. 그런데 상반된 두 견해는 서로 맞닿아 있는 경계의 영역이 존재한다. 이는 감정의 보편성과 문화성이 종류의 구분이 아니라 정도의 구분이라는 것이며, 기본 감정이 존재하든 존재하지 않든 '감정은 유형적 범주로 분석할 수 있다'는 것이다. 이는 인공지능을 통해 감정을 분석한다는 것이 유의미한 결과를 낼 수 있다는 전제가 된다. 개와 고양이를 구분하는 것이 인공지능의 딥러닝을 설명하는 가장 기본인 것에서 알 수 있듯이 인공지능은 어떠한 유형의 식별에 특화되어 있기 때문이다.

인공지능의 감정 식별은 인간이 감정을 식별한 데이터를 구축하고, 이를 학습한 감정 딥러닝 모델을 구현 즉 디지털 감정 사전을 구축하여, 식별하고자 하는 입력값에 대하여 식별된 감정 지수를 출력하는 것으로 요약할 수 있다. 예를 들어 긍정과 부정으로 이원화된 감정 데이터를 학습하여 구축한 디지털 감정 사전은 다양한 감정 사례가 포함된 입력값에 대하여 긍정과 부정이라는 두 유형의 감정 지수를 출력해주는데, 현재 매우 높은 정확도로 긍정과 부정의 감정을 식별하고 있다. 이러한 인공지능의 감정 식별은 학습한 데이터가 많으면 많을수록 그 정확도를 높일 수 있다. 아직 긍정과 부정의 감정을 식별하는 단계이지만, 학습할 수 있는 구체적인 감정 데이터가 계속해서 구축된다면 구체적인 감정을 식별하는 정확도는 꾸준히 높아질 것이고, 종국에는 인공지능이 인간의 감정을 이해하는 것처럼 여겨질 수도 있는 것이다.

물론 인공지능이 데이터를 통해 인간의 감정을 분석한다는 것이 곧 인간의 감정을 이해한다는 것 즉 공감의 영역이 아니다. 인공지능의 감정분석은 어디까지나 확률계산에 따라 인간과 감정을 교환하는 행위이기 때문이다. 다만 인공지능의 감정분석 정확도가 높아지면 높아질수록 인간은 인공지능과의 감정 교환 행위를 통해서 인공지능이 자신을 이해한다고 착각할 수 있고, 이를 통해 인공지능과 감정 관계를 형성할 수도 있다. 인공지능 입장에서는 기계적 감정 교환 행위이지만, 인간은 공감 즉 감정소통으로 여길 수 있는 것이다. 실제 감정을 이해하지는 못하지만 이해한다고 여겨지는 인공지능의 개발은 가능할 것이고, 이러한 단계까지 나아간 인공지능은 '이야기하는 인공지능'이라고 할 수도 있지 않을까?

2장

철학이 말하는 인공지능

— HK교수 김형주 —

> "안녕 AI친구 이루다야.
> 우리가 다 자기만 알아서 그래."

모든 일에는 원인이 있고 모든 존재는 목적을 지향한다는 다분히 보수적인 세계관이 있다. 뭉뚱그려 목적론이라 불리는 이 이론은 어떤 경우에는 생명과 환경을 보호하는 수호자 역할을, 또 어떤 경우는 체제 유지를 위한 부역꾼 노릇을 한다. 또 어떤 경우는 소시민이 자기에게 주어진 부담을 회피할 수 있는 명분이 되어 주기도 한다. 아주 작은 생명의 맹아라도 훼손하면 안 되는 이유는 그것이 활짝 피어날 자신의 형상을 이미 자기 안에 담고 있기 때문이다. 공자님의 말씀 "君君, 臣臣, 父父, 子子"는 각자 맡은 자리에서 열심히 살자는 이야기도 되지만, 臣이 君이 될 수 없는 고로 '너는 거기까지야'라는 말을 점잖게 함축하고 있는 언사라고도 할

이루다

(출처: 이루다 페이스북 페이지)

수 있다. 한편 누군가 臣에게 책임을 물을 때는, 자신의 신분과 태생을 책임의 좋은 방패로 삼을 수 도 있을 것이다. '목적론'은 실로 많은 역할을 한다. 목적론으로 세상을 보는 것이 항상 좋고 옳은 것은 아니지만, 간편하긴 하다.

챗봇 '이루다'의 등장, 관심, 그리고 지금과 같은 사고(?)는 예상되어 있었다. 우리는 2016년 MS의 챗봇, 테이의 스토리를 경험하였다. 오래전 통신영화 '접속'을 한참 넘어서는 2014년 작 'her'에 대한 지속적인 관심, SONY사가 개발한 반려로봇 아이보(aibo)의 판매량은 기계문명에 대한 우리의 기대가 이제 게으른 육체의 보조자를 넘어 소통과 공감, 감정 투사의 대상이 되는 마음의 위로자 역할에까지 미쳤다는 사실을 잘 보여준다. 그리고 그 끝과 새로운 시작도 잘 보고 있다. 그렇기에 '이루다' 논란은 이젠 우리 사회에 전처럼 큰 충격으로 다가오지는 않는다.

독일의 사회학자 막스 베버(M. Weber)는 자본주의의 목적이 교환 가치로서의 자본을 축적하는 것이 아니라 자본 자체의 양을 불리는 것이라는 분석을 내놓았다. 무엇을 하기 위해 돈을 번다는 행복형 인간상은 한참 소박하다. '자본주의'는 자기 이름에 걸맞게 가치 물음이라는 사치품을 차버리고 '돈을 모은다는 것' 그 자체를 지상 목적으로 건조한 삶을 산다. 이러한 자신의 존재목적을 정당화하기에 목적론은 명민한 효자 노릇을 한다. 기업의 존재 목적은 첫째로 이윤창출이다. 공영과 공생, 가치의 사회적 환원 등은 그 다음 이야기이거나 아니면 첫째 존재목적을 더 잘 달성하기 위한 수단적 수사다. 소비자의 구매가 곧장 이윤이라면 기업이 소비자의 기호를 살펴, 이에 적중하는 상품을 출시하는 것은 그 목적에 부합한다. '이루다'의 등장은 이러한 의미에서 합목적적이다. 외로운 인간, 호기심 많은 인간이 주문하고 자본이 만들어낸 사회적 생산체다.

언론은 '이루다'에 행한 성희롱과 같은 현상적인 윤리이슈를 젠더 문제, 데이터 편견, 개인정보 보호 문제로 범주화하였다. 이러한 구도에 맞추어 이목도 집중되었고 이에 대한 해결책과 방비책을 제시하는 것이 시급하다고 입을 모은다. 그러나 한 번 더 생각해 보면 '이루다'라는 인공존재의 본질적인 원인은 인간의 감정 소비 욕구다. 사람에게 하면 안될 말을 인공지능에게 한 것이 문제인데, 기계에게라도 무슨 말을 걸고 답을 듣고자 하는 외로운 욕망이야 말로 앞에서 말한 현상적인 문제의 배경에 놓여 이를 포섭하고 있는 필요조건이기 때문이다. 그리고 그 욕망의 근저에는 또 하나의 근본욕망이 있는데 나는 이를 '나만 좋으면 된다'는 유아론적(solipsistic) 욕망이라 본다.

이루다가 입은 페르소나(persona)는 상냥한 20살 여자 대학생이다. 캐릭터도 있어 처음 말걸기는 조금 조심스럽지만, 묻는 말을 건네면 마치 나를 알고 있는 듯한 대답, 그리고 때로는 생각하지도 못한 재치있는 대답을 내놓기도 한다. 말을 할 수 있는 비인간 존재와의 대화라는 호기심은 오고가는 말들이 쌓이면서 실제로 교감으로 이어지는 듯하다. 굳이 그(녀)가 AI 챗봇이란 사실을 상기할 필요는 없다. 이루다가 실제로 어디서 왔는지, 누구인지 왜 나와 대화하는지는 알 필요가 없다. 특히 지금과 같은 자기소개 상실의 시대에는 더 그렇다. 그저 '나만 좋으면 된다.' 좀 더 사실적으로 말하면 굳이 '교감'까지는 필요 없고 내가 교감하고 있다는 느낌을 갖고서 핸드폰의 액정과 대화하면, 그것으로 만족이다. 오래 전 영화 '접속'에서처럼 채팅 상대의 실체를 궁금해 하는 것과 같은 마음은 말 그대로 너무 오래된 이야기다. 핵심은 말 그대로 '나의' 기분이 갖는 만족감이라는 결과 그 자체다.

 엄밀히 말해 이루다는 우리가 기대하는 것과 같은 교감의 대화를 하지 못한다. 입력되는 단어, 더 정확히 말해 글자의 형태를 인지하여 학습한 대화 쌍을 스캔한 후, 확률적으로 빈도수가 가장 많은 단어 형태의 조합을 인터페이스 상에 제공할 뿐이다. 이러한 사실을 빌미로 누군가 '그건 대화가 아니야'라고 이루다를, 그리고 이루다와 대화하는 사람을 비판했다고 해보자. 이런 류의 비판에 대한 가장 빈번하고 손쉬운 대응은 사람의 학습, 이로 인한 대화도 이루다의 그것과 다르지 않다는 것이다. 경험 기계인 인간도 반복된 학습과 상황인지를 통해 가장 적절한 표현을 찾아 문장을 구성하고 발화한다는 점에서 인공지능의 그것과 별반 질적인 차이가 없다는 것이다. 그런 점에서 보면, 창 없는 단자 속 인간의 모든 대화는 실상 독백이다. 이러한 인간의 언어표현이 대화라 한다면, 이루다의 그것도 대화라 하지 못할 이유가 없다.

 유학을 마치고 한국으로 돌아온 해인 2015년, 나는 핸드폰 미납금 문제로 매일같이 독일 통신사와 전화로, 또 채팅으로 대화를 하였다. 채팅 창의 상담원은 매우 친절하였지만 계속 다른 상담원을 연결시켜주었고 결국 책임자와도 채팅을 하였지만 매일 같이 같은 말만 되풀이되었다. 문제가 해결되기는커녕 문제 근처에도 가지 못했다. 그 문제는 개인정보 기록 보유기간이 만료된 작년에야 해결, 아니 해소가 되었다. 기만당한 기분이었다. 나중에 채팅 상담원이 사람이 아닌 챗봇이라는 사실을 알았을 때, 말이 안통하는 상담원에 대한 원망은 말끔히 사라졌다. 의식이 속으면 감정도 속지만, 오해가 풀리면 감정도 풀린다. 이러한 경험 때문인지 나는 이루다와의 대화가 그저 그럴 것 같다.

누구와 대화를 하든 '나만 좋으면 된다'. '내'가 '너'가 될 수는 없기 때문이다. 그게 인간의식의 한계라면 한계다. 그런데 내가 왜 좋은지, 지금 내가 좋을만한지, 좋은 기분의 이유가 무엇인지는 물어 아는 것은 참 좋다. 이루다가 하는 말의 속사정을 잘 알면서, 그러면서 그(녀)를 대하는 것과 내가 속고 있는지, 속아 주는 건지 아무런 질문과 답변없이 그(녀)를 대하는 것은 아마 많이 다를 것이다. 나만 좋으면 된다. 그러나 좋음의 질은 질문과 앎이 결정한다.

수단, 목적의 선후 관계, 그리고 현상의 원인을 집요하게 따져 묻는 목적론은 일견 자유를 소외시키는 편집증적인 시선이다. 하지만 촘촘한 숙고를 통해 자신의 행복을 주체적으로 선택하고 가꾸어 갈 자유, 그리고 무엇엔가 속지 않을 자유, 나아가 속을 자유까지도 바로 이 피곤하고 고루한 삶의 태도를 조건으로 전개된다.

철 지난 좋은 AI(good old-fashioned AI)가 제철 맞은 AI보다 좋은 한 가지 이유

기술 문명에 대한 부푼 기대, 또 두려움은 이에 대한 사실적 이해의 무관심과 부족에서 비롯한 경우가 많다. 인공지능을 보는 지금의 우리가 딱 그런 모양이다. 필자와 같은 인문학자는 늘 상 기계, 기술을 포함한 자기 주변의 모든 것에 관심을 갖고 이러쿵저러쿵 말을 늘어 놓지만, 기실 사실적 이해와 탐구는 기술과 서비스를 마주하는 대중 소비자로서의 나, 그리고 그것이 갖는 의미를 탐구하고 가치물음을 던지는 인문학자의 주요 과업이라고 할 수는 없다. 어쩌면 그러기에 필자 같은 사람은 더 쉽게 부풀려 말을 하고 더 쉽게 손사래를 치며 겁을 내는지도 모르겠다. 물론 인문학자에게도 이러한 사실적 지식이 풍부하면 풍부할수록 그들이

그림 6

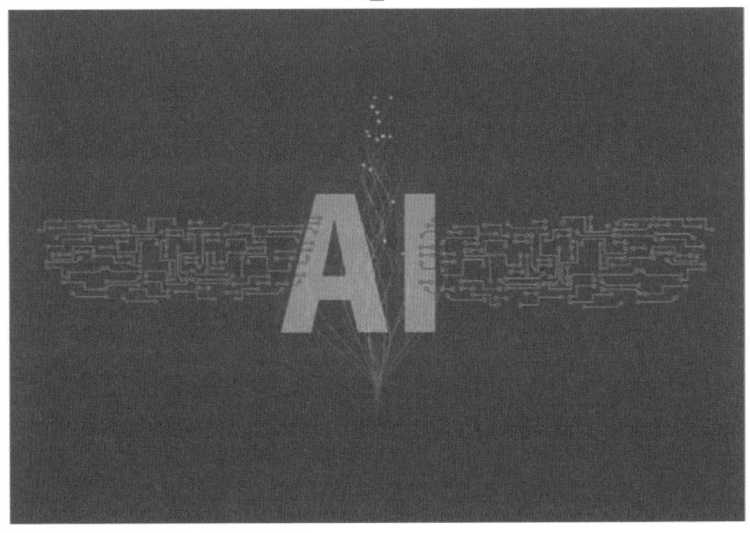

수행하는 본질적 탐구의 수월성을 높이는데 많은 도움이 되겠지만, 그것이 곧 주된 과제라고 하는 것은 일종의 학제 간 월권이리라. 요컨대 대상에 대한 사실 이해는 인문학적 탐구의 필요조건이지만 충분조건은 아니다.

그러나 현재의 관점에서 기술 문명의 끝점에 서 있다고 평가할 수 있는 인공지능, 구체적으로 말하자면 기계학습 인공지능을 논의의 대상으로 한다면 사태는 달라진다. 소위 블랙박스로 묘사되는 딥 러닝 인공지능에 대한 온전한 사실적 이해는 - 현재의 기술로는 - 원칙적으로 불가능하기 때문이다. 그렇기 때문에 인공지능 기술과 관련한 기대와 두려움은 필요이상으로 부푼 것이거나 막연한 것이 아니다. 오히려 이는 인문학자에게나 공학자에게나 대중에게나 모두 똑같이 당연한 것일 수 있다.

한편 강력한 활용 도구에 대한 두려움은 공학자에게는 곧장 풀어야할 숙제가 되어 버린다. 지금 딥러닝 인공지능이 봉착한 숙제가 바로 이것이다. 기술적 수월성의 잠재성을 끊임없이 현실화시켜야 하는 지상명령을 갖고 있는 기술공학의 윤리강령은 설명의 어려움으로 인해, 발전의 생장점을 거세하고 운신의 폭을 좁혀야만 하는 이 시국으로 인해 무색해져 버렸다. 바로 이 숙제 때문에 설명가능한 인공지능(eXplanbale Artificial Intelligence)의 필요성은 대두되고 있고 미 국방부의 연구 기관인 고등연구계획국(DARPA)을 비롯한 많은 연구소에서 이 연구에 주력하고 있다. 설명가능한 인공지능(XAI)은 더 좋은 인공지능의 다음 단계인 것이다. 그렇기 때문에 여기서 '좋음'의 의미는 신뢰하여 사용할 수 있다는 것이다.

그러나 한번만 더 생각해 보면 여기서 '설명가능한 인공지능'이 우리에게 주는 설명적 과제는 간단하지 않다. 실타래처럼 얽혀 있는 이 과제를 풀기위해서는 '설명가능한' 이라는 말의 의미에 대한 입체적인 접근이 필요하다. 필자는 이 과제를 주체물음과 대상물음으로 양분한다.

주체물음: 설명의 주체는 누구인가?
a) 인공지능이 우리에게 자신에 대해서 설명하는 것인가? 아니면
b) 그 인공지능의 작동원리에 대해 인간이 다른 이에게 설명을 하는 것인가?

대상물음: 설명되어야 할 대상은 어떤 것인가?
c) 인공지능의 판단 프로세스에 대한 수학적 설명인가? 아니면
d) 내려진 판단에 대한 자연어로 된 친절한 설명인가?

진행되고 있는 XAI 프로젝트 주장의 속내를 잘 들여다보면, 주체물음의 a)와 대상물음의 d)는 연결된다. 예를 들어 DARPA에서 제시한 설명모델에 따르면, XAI는 고양이 사진을 판별한 이유에 대한 설명을 사용자가 마주하는 모니터(인터페이스)에 제시하게 될 것인데, 그 내용은 털이 있기 때문, 귀가 있기 때문 등이다. 한편 b)와 c)도 연결된다. 판단 프로세스에 대한 수학적 설명은 인간이 인공지능을 이해하는 것이고 이를 통해 설명을 하는 것이기 때문이다. 이 둘 중 어떤 것이 설명가능한 인공지능인지 밝히는 작업은 매우 복잡하고 어려운 논의를 함축하고 있다. 이 짧은 글이 겨냥하는 바는 이 논의를 살짝 비켜서 어떤 인공지능이 좋은 인공지능인지에 대해 논의하는 것이다.

이러한 문제의식을 갖고 '인공지능'의 외연 전반을 살펴보면 오래전 하우겔랜드(J. Haugeland)라는 철학자가 주창한 'GOFAI' (Good Old-Fashioned AI)라는 개념을 만날 수 있다. 이는 용어의 의미 그대로 오래전 유행하였던 인공지능을 뜻하는데, 이는 기호주의 인공지능 기술을 지칭한다. 이 기호주의 인공지능이 좋은 (good) 이유가 바로 설명가능성이다. 그런데 이 때의 설명은 위에서 밝혔듯 XAI 프로젝트가 실제로 수행목표로 삼고 있는 a)d)가 아닌, b)c)다. 다시 말해 GOFAI가 좋은(good) 이유는 과정을 설명할 수 있는 정보처리과정이 투명하기 때문이다. 한편 XAI가 좋은 이유는 a)d)때문이 아니다. 정확히 말하자면 a)d)는 딥러닝이 더 좋은 AI가 되기 위한 목표다.

요컨대 GOFAI의 ′설명가능성은′(Explainability)는 b)c)에 적중하고 그 '좋음'(Goodness)의 이유는 과정의 설명적 투명성이다. 반면 딥러닝 XAI의 'X'는 a)d)에 적중하며 그렇기 때문에 그것이 표방하는 '좋음'은 화용론적 설명가능성이라 할 수 있다. 그렇다면 현재 XAI의 '좋음'은 무엇인가? 이에 대한 선결문제는 GOFAI가 왜 철 지난(old fashioned) AI인지에 대한 이유를 밝히는 것이다. 기호주의가 철지난 AI라면 딥러닝은 제철을 맞은 AI다. 딥러닝이 제철을 맞은 이유는 기호주의의 AI로는 범접할 수 없는 데이터 처리 성능에 있다. XAI의 'G'는 성과(perfomance)다.

철학의 입을 빌려 말하자면 '좋음'이란 기계를 포함한 모든 존재가 마땅히 지향해야할 궁극적 목표, 다른 말로 최고선이다. 인공지능도 예외라 할 수 없다. XAI도 AI가 GAI(Good AI)가 되기 위한 다음 단계다. 이상의 논의에 따른 논리적 결론은 GXAI(Good XAI)가 되기 위한 방편은 이제 AI 연구가 다시 설명적 투명성을 갖춘 기호주의 AI로 전회하는 것, 아니면 엄밀한 의미의 설명 부담을 벗어버린 화용론적 AI 모델에 주안점을 두는 것, 이 두 가지다. 그러나 이 둘을 한 번에 성취하고자 하는 것은 좀 지나친 욕심같이 보인다.

우리들의
기술응전기(技術應戰記) *

"기술을 지배하려는 의지는 기술이 인간의 통제를 벗어날 가능성이 커질수록 더욱 절박해질 것이다"

인공지능이 만들어 갈 미래의 모습을 그려보는 일은 일종의 수다이다. 미래 이야기는 과거 이야기보다 좀 더 쉽다. 일어난 일에 대한 말 속에는 어떤 식으로든 그것에 대한 평가가 수반되기 때문이다. 그렇기에 세인(世人)들의 미래 이야기는 수다 이상의 지위를 얻기 어렵다. 인공지능 미래 담론은 수다임에 틀림이 없지만, 그 주제가 핫하고 많은 유명인들이 이에 한 마디씩 거들고 있다는

---

* 이 글은 AI 타임즈에 수록됨.
 (https://www.aitimes.com/news/articleView.html?idxno=140767)

이유에서 교양있는 수다로 인정받는다. 한편 수다는 논쟁으로 이어지기 십상인데, 그 논쟁에는 인공지능에 의한 인간 삶의 침탈을 경고하는 스티븐 호킹과 같은 유명인들, 그리고 그들의 주장에 반대하는 앨런 머스크와 같은 기술지상주의자들, 낙관론자들이 단골 손님으로 초대된다. 이러한 수다는 이윽고 좀 더 본질적인 국면으로 접어들게 되는데, 그 때 늘 거론되는 말 들 중 한 가지가 "AI 포비아(phobia), AI 필리아(philia)"라는 개념 쌍이다. 수다의 지향점이 과거로 옮겨간다는 것은 대화의 종착역이 가까이 왔다는 것을 뜻한다. 기술비평노선의 종착역을 알리는 단어쌍은 테크노포비아(Technophobia), 테크노빌리아(Technophilia)다. 글의 처음에 등장한 인용구는 이 무렵 등장한다.

"사람들은 기술을 정신적으로 장악하기를 바란다. 기술을 지배하려는 의지는 기술이 인간의 통제를 벗어날 가능성이 커질 수록 더욱 절박해질 것이다"

사실 이 말은 1950년대, 그러니까 지금부터 무려 70여 년 전 독일의 라인 강에 위용을 드러낸 수력발전소를 바라보며 뱉은 하이데거라는 철학자의 시대진단이다. 전후 시대인 당시를 원자력 시대라고 규정한 이 철학자는 지금을 인공지능 시대라고 규정하는 우리들보다 발 빠르게, 그리고 더 처절하게 사유했다. 그리고 이제 그는 이 예언을 통해 지금 인공지능 시대를 날카롭게 진단하고 있다.

항상 반 박자 느린 인간의 이성으로는 따라잡을 수 없을 정도로 빠르게 발전하고 있는 기술은 인간의 삶을 휘감고도 남았다. 정신을 차려보니 이미 정신을 지배하고 있는 것은 기술이었다. 그래도 칸트가 말했듯 질문은 인간의 본성인지라, 기술에 대한 물음은 당시 독일의 사상계를 지배하고 있었다. 하이데거의 후기 철학도 "기술에 대한 물음"으로 점철되어 있다. "기술이란 수단일 뿐 그 자체로 선도 아니고 악도 아니다"라는 야스퍼스의 말에 그는 "그렇건 그렇지 않건, 우리는 기술에 붙들려 있다"고 답한다. 하이데거에 따르면 기술은 더 이상 단순한 수단이 아니다. 기술은 우리를 둘러싼 생명이 있는 분위기이며 공기이다. 그가 볼 때, 야스퍼스와 같은 사람은 이미 자가 호흡을 시작한, 보다 정확히 말하자면 최근 들어 거친 숨을 몰아쉬고 있는 기술이라는 정령(精靈)의 힘을 과소평가하고 있다. "기술은 그저 기술적인 것이 아니다." 그는 원자력 시대를 살아가는 현 존재들에게 삶에 개입해 있음은 물론이거니와 이를 구성하고 있는 기술 그 자체에 대해 항상 깨어 성찰할 것을 당부한다.

기술의 사회적 침습은 곧장 학문의 세계로 이어진다. 하이데거의 스승이었던 훗설은 우리의 생활세계를 건조한 산술의 언어로 이해하려는 실증주의 일변도의 당시 학계의 분위기를 "학문의 위기"라 진단한다. 위기는 이념 학문의 사실 학문에로의 환원에서 시작된다. 그는 정갈한 숫자로 주변의 모든 것을 재단하여 보여주는 것이 외관상 세련되어 보이지만, 오히려 삶의 참모습을 가리는 차폐물이 된다는 주장으로 과학주의적 세계관에 응전하였다.

한편 응전은 다른 양상으로도 진행되었다. 살펴본 바와 같이 전혀 다른 패러다임을 제시하면서 공격 진영의 위용에 맞불을 놓는 전략도 있는 한편, 상대방의 장점을 흡수하여 자신의 에너지로 내재화하면서 자신의 영역을 더 공고히 하는 방법도 있다. 예컨대 훗설과 같은 시대를 산 딜타이는 지향성과 주관성을 기치로 실증주의와 대결 구도를 펼친 그와는 다른 행보를 보인다. 삶의 철학자 딜타이의 "정신과학"이라는 용어를 음미해 보라! "정신-과학"은 어떤 사람에게는 형용모순처럼 들릴 수도 있다. 딜타이는 수학이라는 공용어를 무기로 세력을 넓히고 있던 자연과학으로부터 인문학의 고유영역을 확보하기 위해 그것의 보편적 방법론의 필요성을 역설한다. 보편적 방법론의 유효성을 과학으로부터 목격한 그는 이러한 방법론의 도입을 통해 자기 독백적 성향을 지닌 심리주의를 극복하고자 한다. 그러나 그는 다른 한편으로 체험, 이해 등과 같은 키워드로 정신과학의 고유한 방법론을 수립함으로써 맹렬히 뻗어오는 자연과학의 손길로부터 유유히 벗어난다. 이러한 전략은 다름 아닌 근대 계몽의 완성자 칸트에게서 따온 것이다.

노년의 형이상학자 칸트는 그의 오랜 벗 멘델스존에게 형이상학을 갈아 없애버린 자(Allerzermalmer)라는 평을 듣는다. 어쩌면 그의 인생을 부정하는 것처럼 들릴 수 있는 이 표현은 역설적이게도 칸트 철학의 토양에서 성장한 소위 칸트 키드(Kant Kid) 카시러에 의해, 그것도 하필이면 칸트를 기리는 학술지 칸트 연구(Kant-Studien)에서 다시 언급되면서 많은 사람들에게 알려지게 되었다. 가난한 시간 강사였음에도 불구하고 '형이상학' 전공 교수 자리가 아니라는 이유로 청빙마저 마다한 이력이 있는 그에게 이는 너무 가혹한 평가가 아닐 수 없다. 당시의 상황도 하이데거, 훗설, 딜타이가 경험하였던 상황과 크게 다르지 않았다. 기술의 최전선에 닿아있는 과학은 칸트의 시대에도 혁신을 거듭하며 발전하고 있었다. 자연과학자 뉴튼은 최고의 스타였고 칸트는 그의 팬이었으리라. 칸트가 평가하길 "형이상학은 끝나지 않은 전쟁터에서 여전히 암중모색"을 거듭하고 있었다. 뉴튼의 역학이 그러하듯, 아르키메데스적 고정점 수립만이 형이상학을 굳건한 학문의 길에 들어설 수 있게 할 것이라는 믿음으로 그는 그를 영원한 스타로 만들어 준 "순수이성비판"을 집필하였다. 멘델스존이 볼 때 사유하는 자들의 발자국이 빚어 낸 오솔길 위에 수학이라는 계측기와 자연과학이라는 트럭을 동원해 고속도로를 낸 자가 칸트였을 것이다. 철학의 아버지 데카르트의 후예들은 그렇게 칸트를 욕하였을 것이다. 그렇다면 데카르트는 어떠했을까? 과학혁명의 소용돌이 속 그의 철학은 어떠한 모습으로 살아남았을까?

신의 목적이 전 우주와 우리의 정신까지 지배하고 있을 때, 자연에는 자연만의 법칙이 있다는 세계관이 등장하였다. 이윽고 이 기계론적 세계관이 힘의 균형을 깨뜨리면서 근대라는 과학의 시대가 열렸다. 기계론이 목적론을 대체해 가고 있을 때, 데카르트는 마음과 세계, 즉 정신과 물질을 구분하고, 물질의 세계는 자연과학의 지배를 받는 영역임을 적극적으로 지지하는 전략을 취한다. 이 전략의 숨은 목적은 '생각하는 주체'라는 정신 세계의 최후의 보루를 성역화하는 것이었다. 살을 내어주고 뼈를 지키는 전략이 적중한 것일까. 이렇게 지켜낸 '생각'이라는 보루로부터 근대의 학문은 다시 꽃을 피웠다. '생각'은 과학혁명 응전기의 전리품이다.

살펴본 바와 같이 기술이란 존재는 항상 다른 얼굴을 하고 우리 주변을 지배해왔다. 그리고 철학은 태생상, 그런 기술을 항상 마주할 수 밖에 없었다. 두 눈은 크게 떴지만 빈곤하기 짝이 없는 외양을 한 철학은 어마무시한 권력체인 기술에 항상 매몰되는 듯이 보였으나, 때로는 기술에 마주 서고, 때로는 체질을 현격히 변화시키며 생명을 연장하고 몸집을 키워왔다. 마찬가지로 인공지능 기술의 태동기에 한 몫을 하였던 철학이 이제는 그로부터 버림받은 것 같아 보이지만, 그럼에도 불구하고 그것이 싸워나갈 미래의 모습에 왠지 모를 기대감이 생기는 이유는 바로 이러한 역사에 있다.

인공지능 수다의 원동력은 미래에서 다가오는 전조(前兆)에 대한 한계 지워진 반응이라 할 수 있다. 그렇기에 원자력 기술이 가져온 변화를 몸소 체험한 하이데거의 통찰은 지금 우리에게 더 소중하게 다가온다. 그는 경험을 했지만 우리는 아직이기 때문이다. "일어났던 것은 후에 다시 일어날 것이고, 행했던 일은 또 행해지게 될 것이다. 하늘 아래에 새 것은 없다."(전도서 1장 9절)

인공지능 시대,
아는 것이 힘이다?

친구가 된 왓슨

인공지능 왓슨(Watson)이 우리에게 다가오는 속도는 세계 유수 기업 IBM이 수 년전 우리에게서 잠시 멀어졌던 거리를 상쇄하고도 남는다. 첨단 기술, 최신기기의 발달을 추적하기에는 게으른 이성을 갖고 있는 나에게 IBM은 오래전 286 컴퓨터에 삽입되는 플로피 디스크 상부에 적혀진 이름으로만 기억되고 있었다. 왓슨의 유행은 IBM에게 새로운 옷을 입히고 등을 떠밀어 다시 우리 앞에 세운 듯하다.

병원의 진료기록, 개인의 체형, 유전체, 심지어 라이프 로깅 기술을 통한 생활태도 데이터를 수집하여 맞춤형 진단을 내리는 인

그림 8

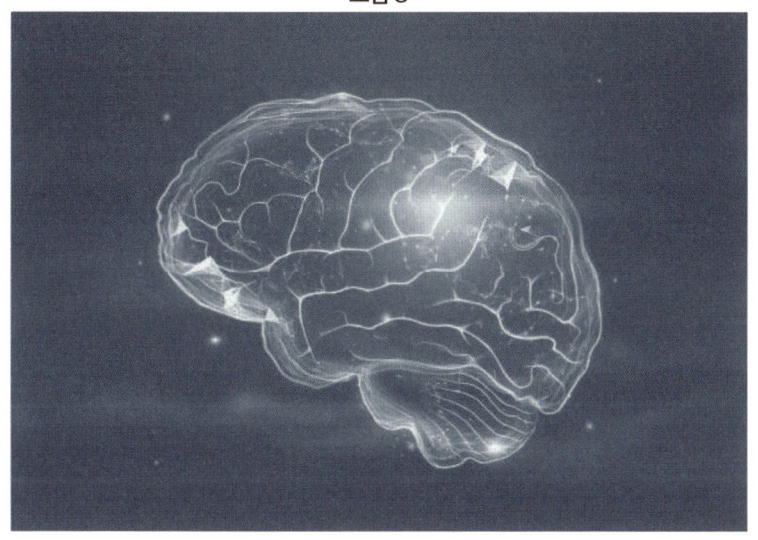

공지능 의사 왓슨은 혁신적인 인기를 끌고 있다. 그러나 왓슨이라는 이름은 인공지능 의사만의 전유물이 아니다. 빅데이터에 기반한 기계학습 알고리즘 플랫폼의 이름인 왓슨은 날이 갈수록 호환성을 높여가며 우리의 주변 곳곳에 자리를 잡고 있다. 인공지능 이미지 판별 기술을 장착한 AI 형사와 수많은 판례들을 인간과는 비교할 수 없을 정도로 정확하고 빠른 속도로 분석해 결과 값을 제시하는 AI변호사는 AI의사보다 앞서 우리에게 찾아왔다. 최근에는 AI 인사담당관의 맘에 드는 법을 알려주는 입사면접지침까지 나왔다. 표정, 목소리, 뇌파까지 파악하는 그에게 잘 보이기란 한편으론 매우 어려우면서도 다른 한편으로는 매우 단순하다고 한다. 그가 갖고 있는 데이터를 거꾸로 분석해 학습하면 된다. 판매되는 연습프로그램 회당 3000원부터 패키지로 20000원까지 다양하다. AI가 항상 이렇게 우리를 통제하고 관리하는 무서운 역할만 하는 것은 아니다. AI작가, AI화가, AI반려견, AI애인까지 우리의 몸과 마음을 어루만지는 AI친구들의 종류도 해가 갈수록 아니 날이 갈수록 늘어난다. 그래서 이제 우리도 그들에게 마음을 열 때가 되지 않았나 하는 생각이 종종 든다. 이들은 모두 왓슨이거나 최소한 왓슨의 사촌이다. '왓슨'은 대한민국의 소년과 소녀를 대표하는 이름 '철수', '영희' 만큼이나 보편적인 이름이다.

인공지능 심층 세계관

우리는 인공지능을 말을 하니까 친구라 여기고 생각을 하는 것 같아 보이기에 지능이라고 부른다. 그러나 조금만 생각해 보면, 우리가 그 기계 덩어리를 그렇게 부르는 배경에는 독특한 세계관이 자리하고 있다는 것을 알 수 있다. 공학의 한 분야로서 '인공지능'이 지향하는 바는 문제 해결 외에 다른 것이 아니다. 해결해야 할 문제는 이를 해결해야하는 주체의 밖으로부터 주어진다. 문제를 해결했다는 징표는 문제가 주어진 그곳으로 무언가를 내놓는다는 것이다. 우리는 이를 아웃풋, 출력 값이라 부른다. 그럼 출력을 내놓는 그 기관을 왜 지능이라고 할 수 있을까? 무엇을 내놓으면 다 지능인 것일까? 문제를 해결하였다는 것은 문제를 준 당사자의 필요를 채워주었다는 말이다. 달리 말하면, 이는 아웃풋을 내놓은 그것이 인풋이라는 정보를 받아들여 처리했음을 의미한다. 정보를 처리하여 문제주입자의 욕구를 채우는 능력, 즉 정보처리능력을 인공지능 공학자들은 지능이라 부른다. 어려운 과정을 생략하여 말한다면, 이 지능을 정보처리능력으로 보는 입장을 우리는 계산주의라고 부른다. 다시 말해 지능이란 입력된 정보를 계산하는 능력이라는 것이다. 이러한 이유에서 인공지능은 인간과 같은 지능이라는 칭호를 얻었다. 그런데 거꾸로 말하면, 계산주의자들은 인공지능의 원형 즉 인간의 지능의 본질을 정보처리능력으로 본다. 눈으로 본 것을 뇌가 계산하여 기억하는 과정이 정보를 처리하는 과정이고 그것이 지능의 역할의 전부다.

한편 계산주의의 뒤에는 또 다른 세계관이 놓여 있다. 보이는 것이 존재한다는 사실을 의심 없이 받아들여야지만 뇌는 계산을 할 수 있다. 감관에 주어지는 자료들을 실재하지 않는 환영으로 본다거나, 눈과 귀라는 감관이 오작동한다고 의심한다면 계산주의는 성립될 수 없다. 받아들여지는 객체가 실재라는 것의 의미는 다름이 아니라 그 객체는 보여 지고 만져지는 물리적 실체라는 것이다. 이러한 입장에 따르면 신, 영혼과 같은 것들은 실재하는 것이 아니다. 그래서 과학자들이 상식적 실재론이라 이름하는 이것을 철학자들은 과학적 실재론이라 부른다.

보이는 것을 진짜 있는 것이라 믿는 것은 상식이다. 그러나 그러한 것만이 진짜 있는 것이라고 말한다면 고개가 천천히 끄덕여지기는 하지만 그렇다고 선뜻 인정해지지는 않는다. 왜냐하면 보이지 않는 것들 이를테면 사랑, 슬픔, 종교와 같은 것들은 여전히 우리의 중요한 관심거리이기 때문이다. 그럼 인공지능 세계관은 이러한 것들을 어떻게 설명할 수 있을까? 이 세계관에 따르면 사랑, 슬픔, 종교 이런 것들은 일종의 현상이고 그것들의 껍질을 벗겨보면 그 속에는 물리적으로 규정 가능한 어떤 것이 자리하고 있다. 다시 말해 사랑과 슬픔은 뇌라는 물질 덩어리에서 분비하는 화학물질의 작용이고 종교에 집착하도록 하는 감정도 그러하다. 보이지 않는 것의 뒷면에는 보이는 것이 있다. 많은 과학자들은 설명에 집착한다. 그들은 과학이 자연의 모든 것들을 설명할 수 있다는 이상을 갖고 있는 듯하다. 이러한 믿음을 가지고 보이는 것을 가지고 보이지 않는 것을 설명하자 부단히 노력한다. 우리는 이러한 입장을 물리적 환원주의, 제거적 유물론이라는 말로 이름한다.

요컨대, 인공지능의 세계관인 계산주의의 뒤에는, 과학적 실재론이 있고 또 그 뒤에는 물리적 환원주의가 이 모든 것의 근본적인 토대로 놓여 있다.

아는 것이 힘일까?

갈라진 암벽에 피는 꽃이여

나는 그대를 갈라진 틈에서 뽑아낸다.

나는 그대를 이처럼 뿌리 채 내 손에 들고 있다.

작은 꽃이여 …만일 내가 이해할 수 있다면

그대가 무엇인지, 뿌리만이 아니라 그대의 모든 것을 …

그때 나는 신이 무엇인지 인간이 무엇인지 이해할 수 있으리.

에리히 프롬은 그의 저서 『소유냐 존재냐』에서 영국 시인 테니슨의 시를 인용한다. 그에 따르면 이 시는 알고자 하는 대상을 쪼개고 쪼개어 그것에 대해 완벽한 지식을 소유하고자 하는 서구의 과학적 세계관을 적나라하게 드러낸다. 자연안에 특정한 공간을 점유하는 물리적 실체로서의 꽃 한 개를 뿌리채 뽑고 실험실 메스와 같은 손아귀에 쥐고 현미경 같은 안경으로 들여다보는 행위에서 우리는 꽃송이에 퍼져있는 색의 조화가 주는 감동, 그 향내가 주는 정취를 찾는 일을 기대할 수 없다. 건조한 시선으로 그 한 가지를 분석하는 자연 탐구자는 호기심 충족의 열망에 자신을 내어 맡긴 듯하다. 꽃을 분석하며, 인간과 세상에 대한 빈틈없는 앎을 꿈꾸는 그는 근대를 대표하는 격언 '아는 것이 힘이다'(scientia potentia est)를 철저히 신뢰하는 과학자(scientist)다.

한편 괴테는 한 편의 시를 통해 자연의 껍데기들만을 앎의 대상으로 여기는 자연과학자들이야말로 정말로 애처로운 사람들이라고 말한다. 그의 편에 서서 세상을 보면, 지금까지 살펴본 과학적 세계관이 자연과 삶의 편린들만을 더듬고 있을 뿐, 양자를 아우르는 배후의 일자를 조망하기에는 편협하다는 결론에 이르게 된다. 과연 아는 것이 힘일까?

지난 2014년 오바마 행정부는 막대한 예산을 들여 뇌 프로젝트를 시작했다. 구체적인 프로젝트의 목표는 뇌 지도를 완성해서 각종 뇌 질환에 대한 치료책을 내놓는 것이지만, 그 배후에는 이를 통해 인간 이해에 대한 객관적이고 실증적인 답을 내놓는 거대한 목표가 놓여 있다. 이 원대한 꿈은 사이보그 유토피아를 꿈꾸며 이에 참여하고 있는 많은 지식인들을 추동하기에 충분해 보인다. 이들에게는 문학가 괴테보다는 베이컨을 신뢰하는 근대 과학자의 세계관이 적합해 보인다. 우리는 이를 앞에서 제거적 유물론, 물리-화학적 환원주의로 이름했다. 첨단철학이라 할 수 있는 신경철학(Neurophilosophy)은 바로 이러한 세계관 위에서 건립되어 인공지능 시대를 맞이하고 있는 지금 우리를 매료시키고 있다. 이 세계관이 인공지능 시대를 선도하는 촉매제 역할을 톡톡히 하고 있다 해도 과언이 아니다. 마음의 집인 뇌도 몸이라는 물질 덩어리의 일부이기 때문에 전통적으로는 정신의 활동이라고 여겨졌던 감정, 느낌 등도 양화 할 수 있고 디지털화할 수 있다는 믿음을 설파하는 이 첨단철학은 더 간편하고 안락한 삶을 영위하기 위해 인공지능에 자신을 맡기는 우리들의 마음을 대변한다.

그러나 사람의 눈이 다양하듯 세계를 보는 시선도 다양하다. 최근 독일의 철학자 마르쿠스 가브리엘은 '나는 뇌가 아니다'라는 책을 통해 학계에 만연한 신경철학 일변도에 제동을 건다. 그는 자아와 마음에 대한 탐구를 '정신철학'으로 규정하면서 경험주의 인지 철학을 자기 안으로 품는다. 정신철학에 따르면 신경철학은 마음 탐구의 한 영역이지만 마음 탐구가 곧 신경 철학인 것은 아니다. 정신철학은 물질의 존재를 의심하지 않는다는 상식을 토대로 물질과 과학의 세계로 환원되지 않은, 환원될 수 없는 영역의 있음을 존중한다. 나는 이러한 철학사조의 원형으로 계몽주의 철학의 완성자 임마누엘 칸트의 철학을 꼽는다. 공자는 진정한 앎을 아는 것을 안다고 하고 모르는 것을 모른다고 하는 것이라 규정한다. 소크라테스의 명언 '너 자신을 알라'도 많은 사람들이 이러한 의미로 해석한다. 인간의 지식, 이성의 한계설정을 이론으로 정립한 칸트도 이와 유사한 입장을 견지한다. 하지만 그는 여기서 한 걸음 더 나간다. 아는 것과 모르는 것의 경계를 확실히 해야한다는 주장까지는 공자의 그것과 유사하지만, 칸트 철학의 함의가 거기서 다한다고 이해한다면 우리는 그를 절반만 이해한 셈이다. 앎의 경계를 확정하면 자연히 그 이상의 영역이 확보된다. 내 땅이 여기까지라고 말하는 순간 내 소유가 아닌 대지의 존재성은 거저 주어진다. 이와 유사하게 '내가 있음'을 이야기하는 바로 그 순간 '내가 아닌 존재의 전체집합'의 존재의 가능성을 부인할 이유는 사라진다. 물리적 자연 세계에 대한 앎의 가능성을 탐구하는 것은 칸트 철학의 핵심이다. 그로부터 그는 알 수 있는 세계와 알 수 없는 세계를 구분하면서 지성의 영역을 전자에 국한시킨다. 이것이 바로 많은 사람들이 잘 알고 있는 현상과 물자체의 구별의 원리다. 반복해서 말하지만 우리가 주목하야 할 것은 구별 자체가 아닌 구별을 통해 주어지는 또 다른 앎의 세계다.

'아는 것은 힘이다'라는 것을 칸트가 부인할 리가 없다. 칸트에게도 아는 것은 힘이다. 그러나 그 힘은 내가 확보하고 있는 지식에 기인하는 것이 아니다. 이를테면 물이 H_2O로 이루어져 있다는 사실, 구구단을 잘 외울 수 있다는 것, 혹은 모 정치인을 잘 알고 있다는 것이 바로 그 힘은 아니다. 이러한 사실들은 굳이 이름을 붙이자면 아주 즉자적인 힘의 단계다. 두 번째 단계의 힘은 공자가 말한 것처럼 아는 것과 모르는 것을 구분하는 앎에 있다. 그러나 궁극적인 힘은 미지의 영역을 희구하며 그 가치를 존중할 수 있는 희망함의 능력이다. 사이보그라는 물질 덩어리가 인간을 대체할 것 같은 시대, 우리의 감정과 정서가 모조리 디지털화되어 데이터 베이스에 저장될 것 같은 시대, 정신이 몸이 되어 몸이 곧 인간이 되는 시대에는 인공지능이 마치 메시아 역할을 할 것 같다. 인공지능 시대, 꿈꾸는 능력이 바로 힘이다.

칸트와 인공지능

'인간이란 무엇인가?' 어디서부터 답을 찾아야할지, 답을 찾는다고 그것이 진정 답이 될지 모를 이 질문이 많은 사람들을 괴롭힌 지도 벌써 200년이 지났다. 참 고리타분한 이 질문을 고리타분하게도 평생 붙들고 있었던 철학자 칸트가 예지계로 돌아간 지 200년이 지났다. 그러나 아직 무릎을 탁 칠만한 그럴듯한 답을 들어 본적은 없었던 것 같다. 만약 그랬더라면 기억에 각인이 되어 있을 텐데 지금 당장 떠오르는 어떤 것은 없다. 나는 아직 과학이라는 산 어귀의 둘레 길에서, 철학의 바닷가 모래사장 또랑에서 몇 마디 잠언을 주워 담을 뿐이다.

칸트는 세 갈래 길로 이 물음, 인간 존재 물음에 접근한다. 첫째,

그림 9

앞의 길이다. '나는 무엇을 알 수 있는가?'라는 질문을 묻고 답하며 MRI도 없었던 당시에 열심히도 인간 인식의 구조를 탐구한다. 그의 답을 간단히 말하면 이렇다. 우리의 지식은 받아들임과 종합함을 통해 구성된다. 그의 용어를 빌려 말하자면 우리는 수용성의 기관인 직관형식, 자발적 종합의 능력인 지성이 협업하여 세상 사물에 대한 지식을 얻는다. 인공지능에 투사하여 말하자면, 입력 데이터가 알고리즘을 만나 결과 값을 내놓는다. 그 과정을 설명하려 감성, 상상력, 이성, 그리고 자기의식과 같은 많은 개념들을 사용한다. (뒤에 우리가 주목할 것은 자기의식이다.) 그가 남긴 시사점은 손뼉도 마주쳐야 소리가 난다는 것이다. 아무리 좋은 데이터가 많아도 이를 모아 지식으로 만들 알고리즘이 없으면, 그 반대로 성능이 뛰어난 알고리즘에 아무런 데이터도 입력하지 않는다면, 우리는 여전히 맨 손일 것이다. 그는 생활 세계에 토대를 두지 않고 자기 멋대로, 지식을 논하는 신학자들, 흩뿌려진 감각자료들 편린들을 모으면서 지식의 존재를 비웃는 과학자들에게 무거운 비판의 말을 건넸다. '분명 우리는 지식을 가질 수 있다. 그러나 또 하나 분명한 것은 한계가 있다'

둘째, 삶의 길에 그가 던진 질문은 '나는 무엇을 해야하는가?'이다. 매일 '무엇을 하고 싶은가'를 묻는 우리와는 사뭇 다른 그의 질문은 촌스럽다. 고리타분하다는 세간의 손가락질에 그는 '해야 함은 할 수 있음을 함축한다'는 다소 의미심장한 말로 답을 한다. 나를 현혹하고 원하도록 만드는 모든 자극에서 벗어났음에도 남는 어떤 행위의 원리가 있다면, 그것은 '해야만 한다'는 것이다. 그렇기 때문에 '해야 함'이라는 의식만이 순수하게 '자유'에서 비롯된 것인 바, 이 '자유'를 의식할 때 비로소 스스로 '할 수 있다'는 사실을 깨닫는다. '순전한 자유'에 따른 도덕적 행위가 우리를 자유인으로 만든다.

인간 존재 탐구의 마지막 질문은 '나는 무엇을 희망함이 허락되는가?'이다. 칸트는 한편으로는 앎의 한계를 규정하고 한편으로는 도덕적 자유의 세계를 현실 세계로 개방시킨다. 근거 없는 앎을 희망하면 안 된다. 그러나 자신이 도덕적 삶을 살았다면, 이에 따른 행복을 바래도 좋다. 말이 조금 이상하긴 하지만 행복감을 얻기 위해 도덕적 행동을 하면 안 되지만, 도덕적인 삶을 끝내 살아내었다면, 그때야 비로소 행복을 희망할 자격을 얻는다. 그는 일종에 완전함에 대한 강박이 있었는데 행복과 도덕이 합치해야만 우리의 인생이 억울함을 면할 수 있다고 생각했다. '인간이란 무엇인가?'는 바로 이 세 가지 질문으로 구성된다. 나는 칸트의 결론을 이렇게 압축하고자 한다. "자신이 자유로운 지성적 존재자임을 자각하는 존재가 인간이다."

인공지능 기술 개발을 선도하고 있는 딥마인드(deep mind)의 선임연구원 리차드 에반스는 칸트의 철학에서 힌트를 얻어 비지도학습 딥러닝 모델인 칸트 머신(Kant machine)을 어퍼셉션 엔진(apperception engine)이라는 이름을 붙여 개발하였다. 그는 칸트를 정말 면밀히 분석하였다. 데이터를 받아드리는 센스 기관, 그리고 이를 종합하는 알고리즘을 구성하였다. 그러나 이것은 이러한 단순하고 무뚝뚝한 이분법적 아키텍쳐가 아니다. 내가 가진 기술적 지식에 대한 한계로 인해 그 과정을 수학적으로 표현할 수는 없지만 확실한 것은, 그가 수차례 고백하듯, 그는 이를 개발함에 있어 칸트가 행한 인간이 외부 세계를 경험하는 과정을 최대한 살리고자 했다는 것이다.

칸트는 우연성, 인과성을 포함한 12개의 범주, 포착, 합성, 분류, 포섭, 친연성 등의 개념을 동원하여 인식의 탄생과정을 섬세하게 설명한다. 뭉뚱그려 말하자면 이는 감각자료의 종합의 과정이다.

어퍼셉션 엔진은 이러한 칸트의 인식 모델을 장착하여 다양한 자료들을 종합하고 분류한다. 실험은 성공적이다! 인간의 인식과정을 인간 존재 물음에 천착하였던 칸트의 말을 구현하였다. 그러나 그는 미완의 성공이라 고백한다. 하지만 흥미롭게도 그의 미완의 고백이 전혀 애석하게 들리지 않는다. 칸트에 따르면 인간 인식의 종착점은 '자기 앎'이다. 데이터들이 서로 모이고 메모리 칩에 남는 과정까지는 구현하였으나 종합의 끝인 그 데이터의 새로운 집합이 바로 자기 자신의 것이라는 인식을 개발하는 것은 못하였다고 한다. 그럼에도 그가 실망하지 않은 까닭은 이는 애초에 자신의 목표도, 과학지상주의의 목표도 아니었기 때문이다. '자기 앎'이 칸트의 끝이지만 인공지능의 끝은 아니다. 한 걸음 나아가 '자기 자신이 자유로운 존재라는 사실을 앎'은 더더욱 최소한 칸트 머신 개발자의 지향점이 될 수는 없다. 우리는 인공지능이 인간 수준의 지능적 존재가 되는 것을 희망할 수 있다. 그러나 인공지능이 인간과 같이 '자신이 자유로운 지성적 존재자임을 자각하는 존재'가 되는 것을 희망할 수는 없다. 칸트 머신의 개발자는 이 점을 명확히 알고 있는 듯하다. 이처럼 칸트 머신은 칸트의 정신을 오롯이 담고 있고, 그 개발자는 진정 칸트주의자이다.

3장
AI야, 이것도 번역 해줄래?

- HK연구교수 남영자 -

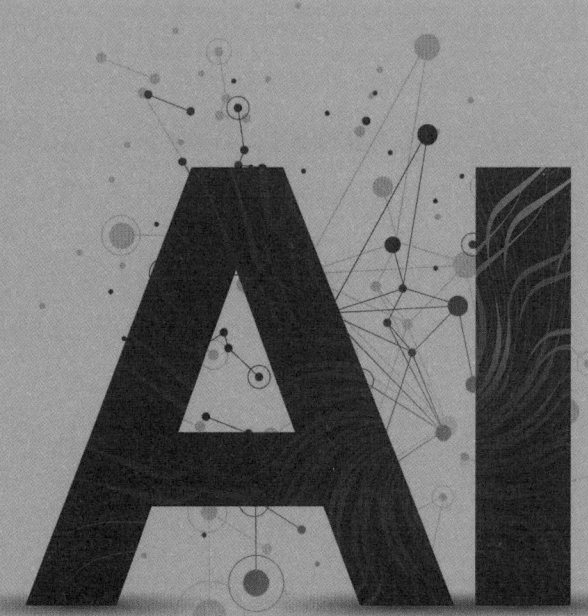

인공지능 번역,
따라올 테면 따라와 봐*

그야말로 인공지능이 연중무휴 종횡무진 전방위적 활약을 펼친다. 인공지능에 평이 박한 사람일지언정 인공지능에 의존하는 대표적인 분야 가운데 하나는 기계 번역이 아닌가 싶다. 특히 대학생들의 경우 리포터나 영문 원서 번역을 위해 네이버의 '파파고'와 '구글 번역'을 이용한 경험이 있을 것이다. 기계 통번역 기술은 규칙기반 방식에서 통계기반 방식으로 발전했고, 2010년대 후반 기계 학습을 활용한 인간의 뇌 신경망을 모방한 신경망 기계번역으로 진화했다. 인공지능에 기반한 신경망 기계번역은 스스로 학습하는 방식으로 품사, 격식체 및 비격식체와 같은 언어의 사용역(register) 등을 반영하여 인간과 상당히 근접한 수준으로 번역한

---
* 이 글은 AI 타임즈에 수록됨.
  (http://www.aitimes.com/news/articleView.html?idxno=140034)

그림 10

다. 이제 인간 번역가의 위상이 흔들리지 않을지 염려된다. 일각에서는 멀지 않은 장래에 기계번역이 인간 번역가를 완전히 대체할 것으로 전망한다.

과연 인공지능까지 탑재하여 거침없이 진격하는 기계번역은 어디까지 왔을까? 이에 필자는 구글 번역과 파파고의 한영 및 영한 번역 능력을 비교해 보았다. 먼저 필자가 좋아하는 어전을 사용한 문장을 만들어 보았다.*

동생이 신의 직장이라 불리는 공사에 합격했다. 동생을 축하하기 위해 우리 집 식구는 어제 저녁 외식을 했다. 동생이 시킨 어전

---

* 2021년 6월 24일 파파고와 구글 번역기 사용 결과임

(漁煎)이 나왔을 때 갑자기 파리 한 마리가 날아다녔다. 내가 "감히 어전(御前)에서 파리가 날아다니다니?"라 했다. 동생이 "짐(朕)이 오늘은 기분이 매우 좋으니, 어전(御前)에서 어전(漁煎) 위를 비행하는 파리를 용서하노라." 했다.

My brother passed the construction called God's workplace. To celebrate my brother, my family ate out last night. Suddenly, a fly flew around when the fish tank my brother ordered came out. I said, "How dare a fly fly from the fishing grounds?" My brother said, "Jim is in a great mood today, so I forgive Paris for flying over the fishing grounds at the palace." (파파고 번역)

My younger brother passed the construction called God's workplace. To celebrate my brother, my family ate out last night. When my brother's order came out, a fly suddenly took flight. I said, "How dare flies fly around the palace?" My younger brother said, "Jim is in a very good mood today, so I forgive the fly that flies over it." (구글 번역)

파파고와 구글 번역 모두 동생을 brother로 번역하여 기계 번역의 고질적 문제인 성별 바이어스(gender bias)를 반영한다. 구체적으로 이름이 언급되지 않은 공공 기업체인 공사는 건설, 공사를 뜻하는 construction으로 번역되었다. 파파고는 어전(漁煎)을 어류 탱크인 fish tank, 어장인 fishing grounds로 번역했고, 임금의 앞인 어전(御前)을 임금이 거처하는 궁전인 palace로 번역했다. 구글 번역은 동생이 시킨 어선(漁煎)을 동생이 주문한 것으로 영리하게(?) 회피하여 번역했고, 어전(御前)을 palace로 번역했다. 한편 파파고는 날아다니는 파리는 fly로, 용서의 대상이 되는 파리는 프랑스 수도 Paris로 번역했다. 구글 번역은 파리를 일관되게 fly로 번역했다. 두 번역기 모두 임금이 자기를 가리키는 일인칭 대명사인 '짐'을 사람 이름 Jim으로 번역했다.

다음은 10대와 20대가 즐겨 쓰는 줄임말을 사용해 보았다. '아아(아이스 아메리카노) 1잔, 따아(따뜻한 아메리카노) 1잔'을 파파고는 'One iced americano, one iced americano.'로 정확하게 인식하였고, 구글 번역은 'Aah 1 cup, daa 1 cup.'으로 '아아'와 '아따'를 소리나는 대로 번역했다. '친구 생파(생일파티)로 생선(생일선물) 준비했어'를 파파고는 'I got you fish for your friend's birthday.'로 번역해 생파에 대한 업데이트는 되어 있지 않다. 반면 구글 번역은 'I prepared fish with my friend's fresh green onion.'로 번역해 입력 단어인 생파의 표층 의미를 최대한 반영하고자 애쓴 듯하다. '안 물어 본 것'과 '안 궁금한 것'의 합성어인 '안물안궁'을 파파고는 'I didn't ask.'로 그리고 구글 번역은 '안물 안 궁'으로 인식하여 'Anmulan Palace'로 번역했다.

필자가 나열한 기계번역의 오역은 '귀여운 애교'라 할 수 있으나 경우에 따라 오역은 중차대한 결과를 초래할 수 있다. 인류 역사상 살상을 목적으로 핵무기가 사용된 유일한 사례인 일본 원자폭탄 투하는 오역이 부른 참사로 알려져 있다. 1945년 7월 26일 독일 포츠담에서 미·영·중 수뇌부는 일본의 항복 조건을 규정한 포츠담 선언문을 발표했다. 포츠담 선언은 일본으로 하여금 '무조건 항복'외 일본의 다른 대안은 '즉각적이고 완전한 파멸'이라는 최후통첩이었다. 7월 28일 일본 스즈키 칸타로 총리는 포츠담 선언에 대해 '논평을 유보한다'는 의도로 여러 가지로 해석될 소지가 있는 '모쿠사츠'(默殺)라는 표현을 사용했는데, 이를 일본 언론에서 '무시하다'로 번역했다. 이러한 일본의 오만함(?)은 미국 국민과 트루만 대통령의 분노를 샀고, 8월 6일과 9일 각각 히로시마와 나가사키에 원폭이 투하되었다.

위의 예는 상황 및 맥락에 대한 오판의 가장 극단적인 경우라 할 수 있다. 분명한 것은 번역은 좁게는 화자의 몸짓, 눈빛, 어조, 뉘앙스에서 넓게는 국제정세와 외교의 흐름에의 이해를 요한다.

또한 번역은 사회·문화적 문맥, 지정학적 문맥 등의 지배를 받는다. 경우에 따라서는 화자의 이야기를 목표 언어의 사회·문화·역사·정치적 문맥에 맞추어 재해석하여야 한다. 이렇듯 총체적 상황에의 이해가 가능해야 소기의 번역이 가능한 것이다. 필자가 제시한 '어전' 예문에서도 보았듯이 기계번역은 상황 전체를 파악하기에는 아직은 역부족인 듯하다. 더 나아가 언어는 화자의 감정을 반영한다는 점은 인간 번역가의 특화 영역을 확장시키나. 또한 기계번역에서 오류가 잦은 부문은 인간 번역가의 틈새시장이 될 것이다. 따라서 기계번역이 인간 번역가를 완전히 대체하는 날은 아직은 요원한 듯하다.

의료분야 인공지능 번역, 어디까지 왔나? -깁스는 알고, 기부스는 모르쇠?

물설고 낯선 타국생활에서 본인이나 가족이 심심찮이라도 병원 신세를 질 경우 해당 국가의 언어가 능숙하지 않다면 고충이 가중될 것이다. 특히 의료진과 환자 간 의사소통이 여의치 않다면 환자는 양질의 의료 서비스를 제공받을 수 없을뿐더러 촌각을 다투는 응급환자의 경우 위중한 상황을 초래할 수 있다. 2019년 세계 최고 의학저널의 하나인 JAMA에 게재된 캐나다 토론토 대학의 연구 결과는 이를 여실히 반영한다.* 연구에 따르면 토론토의 대학 병원 두 곳에서 2008년에서 2016년 사이 심부전과 만성 폐쇄

---

* Rawal, S., Srighanthan, J., Vasantharoopan, A., Hu, H., Tomlinson, G., & Cheung, A. M. (2019). Association between limited English proficiency and revisits and readmissions after hospitalization for patients with acute and chronic conditions in Toronto, Ontario, Canada. Jama, 322(16), 1605-1607.

그림 11

성 폐질환 입원 이력이 있는 사람가운데 제한적인 영어 능력을 가진 사람이 능숙한 영어 구사력을 가진 사람에 비해 퇴원 후 30일 이내 재입원율의 위험성이 높았다. 전자는 후자에 비해 90일 이내 재입원율의 위험성 또한 높았고, 의료진의 지시사항에 대한 이해도가 낮고 약물 복용 이행이 저조하였다.

숨 가쁘게 발전하는 인공지능 기술에 힘입어 기계번역은 제한적인 언어 구사력과 문해력을 가진 외국인과 이민자에 대한 의료서비스 불균형 해소에 기여할 것으로 기대되고 있다. 이러한 기대 심리만큼 의료부문에서 기계번역의 정확도에 대한 검증도 꾸준히 진행되고 있다. 2019년 미국 샌프란시스코 캘리포니아대학교 연구에 따르면 응급실 퇴원 후 주의사항을 언급한 647개 영어 문장을 기계번역의 대표주자인 Google Translate(이하 GT)를 사용해 스페인어와 중국어로 번역한 결과 전자와 후자의 정확도는 각각 92%와 81%에 달했다.* 이러한 높은 정확도와 달리 일부 오번역은 임상적으로 심각한 위험을 초래할 수 있는 것으로 나타났다. 영어와 스페인어의 경우 전체 오역의 28% 그리고 영어와 중국어의 경우 전체 오역의 40%가 그러하였다.

필자는 영어와 한국어 간 번역 정확도를 알아보고자 캘리포니아대학교 연구진이 사용한 문장 하나를 네이버 기계번역 파파고와 GT에 적용해 보았다.**

You were seen in the ED today for your weakness and difficulty speaking.
파파고: 당신은 오늘 ED에서 당신의 약점과 말하기 어려움으로 목격되었습니다.
GT: 당신은 오늘 ED에서 당신의 약점과 말하기 어려움으로

---

* Khoong, E. C., Steinbrook, E., Brown, C., & Fernandez, A. (2019). Assessing the use of Google Translate for Spanish and Chinese translations of emergency department discharge instructions. JAMA internal medicine, 179(4), 580-582.

** 파파고와 GT 번역은 2021년 10월 10일 검색 결과이다.

나타났습니다.

한국어를 영어로 번역한 결과는 비록 의학적으로 심각한 위험을 초래하지는 않겠으나 필자의 지난 8월 10일자 칼럼에서 예로 든 '임금의 앞인 어전(御前)과 생선전 어전(漁煎)'에서처럼 기계번역은 문맥 파악에서 고전을 면치 못하고 있다. 문장에서 weakness는 '약점' 외 '무기력'의 뜻도 있으나 기세번역은 이를 분별하지 못했다. 또한 응급실 Emergency Department의 약자인 ED를 고유명사로 취급하였다. 그뿐만 아니라 두 기계번역 모두 'were seen'을 '목격되다'와 '나타나다'로 번역해 어떤 증상으로 병원에 왔다는 의미를 전달하기에는 다소 부자연스럽다.

한편 서양에서 들어온 의술, 즉 양방(洋方)이라 일컫는 의료분야만큼 외래어를 많이 사용하는 분야도 드물 것이다. 주지하다시피 초콜렛, 초컬렛, 초콜릿, 쵸콜릿에서와 같이 외래어 표기나 발음은 사람마다 다르다. 여기서 필자의 호기심이 발동하여 파파고와 GT를 사용해 "내 오른쪽 다리에 기부스를 했다."와 "내 오른쪽 다리에 깁스를 했다."에 대한 영어 번역을 확인해보았다. '기부스'의 경우 파파고는 "I donated to my right leg."로, GT는 "I made a donation on my right leg."로 번역했다. '깁스'의 경우 파파고는 "I put a cast on my right leg."로, GT는 "I had a cast on my right leg."로 번역했다. 이처럼 석고나 백회 모르타르를 뜻하는 독일어 gips에서 유래한 외래어 표기 '깁스'는 제대로 번역한 반면 '기부스'는 '기부'로 우스꽝스럽게 번역하였다.

앞서 소개한 2019년 기계번역 정확도에 대한 연구에서 나타났듯이 기계번역 정확도에서 언어 간 격차가 존재한다. 해당 연구에서는 상대적으로 영어와 보다 유사한 스페인어가 중국어에 비해 번역 정확도가 높았다. 2021년 발표된 영어로 작성된 응급실 퇴원 후 주의사항에 대한 GT의 스페인어, 아르메니아어, 중국어, 베트남어, 한국어, 타갈로그어(필리핀어) 그리고 페르시아어(이란어) 번역 결과를 비교한 연구에서도 언어 간 격차가 뚜렷하였다.* 이들 7개국어 가운데 스페인어의 정확도가 94%로 가장 높았고, 타갈로그어는 90%, 한국어는 82.5%, 중국어는 81.7%, 페르시아어는 67.5% 그리고 아르메니아는 55%로 정확도가 가장 낮았다. 해당 연구에서 언급한 터무니없는 오번역의 예시 가운데 하나는 "Your Coumadin level was too high today. Do not take any more Coumadin until your doctor reviews the results."로 중국어로 "Your soybean level was too high today. Do not take anymore soybean until your doctor reviews the results."로

---

* Taira, B. R., Kreger, V., Orue, A., & Diamond, L. C. (2021). A Pragmatic Assessment of Google Translate for Emergency Department Instructions. Journal of General Internal Medicine, 1-5.

번역한 것이다. 즉 경구용 항응고제인 쿠마딘(Coumadin)이 중국어에서 콩, 대두(soybean)로 탈바꿈되었다.

  이상 살펴본 바와 같이 의료부문에서 기계번역 의존의 현실화는 아직 넘어야 할 산이 많다. 필자가 언급한 번역 사례에서 알 수 있듯이 무엇보다 기계번역은 아직 인간 번역가처럼 문맥에 따라 융통성 있게 판단하지 못한다. 따라서 특정한 문맥에 의존하는 단어 및 특징한 영역에 의존하는 용어에 대한 신뢰할 만한 수준의 정확도를 성취하기까지는 상당한 험로가 예상된다. 물론 최첨단 인공신경망 기계번역의 등장이후 기계번역의 전반적인 정확도는 상당한 수준에 달한 것은 분명하다. 그러나 의료분야에서는 사소한 단어 하나의 오번역이 환자의 생명을 위태롭게 할 수 있기에 비교적 혹은 상대적으로 높은 정확도가 아닌 '절대적' 정확도가 담보되어야 할 것이다. 이러한 측면을 고려한다면 의료부문에서 기계번역 활용이 보편화될지언정 인간 번역가의 검수 과정을 거칠 필요가 있지 않나 생각된다.

'시(詩)'도
인공지능 번역이 되나요?

인공지능 번역이 등장한 이래 사람들의 가장 빈번한 질문 가운데 하나는 아마도 '문학도 인공지능 번역이 가능한가요?'일 것이다. 이는 필자가 인공지능 번역을 접했을 때 가장 먼저 던진 질문이기도 하다. 특히 압축적이고 함축적인 언어의 결정체인 시(詩)에 대한 인공지능 번역의 퍼포먼스가 사뭇 궁금하다. 한국인에게 잘 알려진 시 두 편을 골라 네이버 파파고와 Google Translate(이하 GT)의 퍼포먼스*를 이야기해 보고자 한다.

첫 번째 시는 김상용의 「남으로 창을 내겠소」이다.

"남으로 창을 내겠소/ 밭이 한참갈이/ 괭이로 파고/ 호미론 풀

---

* 파파고와 GT 번역은 2021년 10월 12일 검색 결과이다.

그림 12

을 매지요/ 구름이 꼬인다 갈 리 있소/ 새 노래는 공으로 들으랴오/ 상냉이가 익설낭/ 함께 와 자셔도 좋소/ 왜 사냐건/ 웃시요"

파파고의 번역이다.

"I'll trow a spear to others./ The field is being plowed for a lot./ Digging with a hoe./ I wear a homiron glue./ There's a difference between the clouds./ Listen to the new song with a ball./ The corn will be cooked./ You can come and sleep with me./ The reason why I live is because.../ I laugh."

본 칼럼에서는 한국어 시 원문의 뉘앙스, 분위기, 표현의 정밀성 등 전문적 내용은 논외로 하고 한국어 원문이 영어로 충실하게 번역되지 않은 사례에 한해 이야기하고자 한다. 먼저 파파고의 번역을 살펴보자. '남(南)'을 남향이 아닌 타인인 'others'로, '창(窓)'을 창문이 아닌 던지는 창인 'spear'로, '호미론 풀을 매지요'를 'wear a homiron glue'로, '구름이 꼬인다(유혹한다) 갈 리 있소'를 'There's a difference between clouds'로, '공으로(공짜로)'를 'with a ball'로, '강냉이가 익걸랑(강냉이가 여물어 수확할 때)'을 요리해서 익은 강냉이를 뜻하는 'The corn will be cooked'로, '자셔도(드셔도) 좋소'를 'sleep with me'로 번역한 것이다. 특히 파파고는 풀을 매다를 넥타이 등을 매다(wear a tie)로, '풀'을 잡초가 아닌 접착제 풀(glue)로 그리고 '호미론'을 소리 나는 대로 'homiron'으로 바꾸었다. 또한 '호미론 풀'을 동사 매다의 목적어로 판단하였다. 보편적인 문장 구조에 꽤나 충실한 번역을 수행한 셈이다. 한편 '구름이 꼬인다 갈 리 있소'에 대한 파파고의 번역 '구름 사이에는 차이가 있다'는 영어 표현은 생뚱맞기 그지없다.

GT의 번역이다. "I'll open a window to the south/ The field is long tilled/ digging with a hoe/ tying homiron grass/ The clouds are twisted, can they go?/ Will the new song be heard as a ball?/ The corn is ripe/ You can come and sleep with me./ why buy/ laugh"

파파고와 달리 '남(南)으로 창(窓)을 내겠소'를 제대로 판단하여 번역했다. 그러나 파파고와 마찬가지로 소리 나는 대로 바꾼 homiron과 풀(grass)을 하나의 목적어로 취급하였고, '매다'를 넥타이 등을 매다(tie)로 표현했다. '구름이 꼬인다 갈 리 있소'는 'The clouds are twisted, can they go?'로 번역했다. 문자 그대로 한국어 어휘를 영어 어휘로 일대일로 우직하게 대응 번역한 것이다. 새가 지저귀는 노래 소리는 새로운 노래 소리 'new song'으로 표현했다. 파파고와 흡사하게 '공으로(공짜로)'를 'as a ball'로, '자셔도 좋소'를 'sleep with me'로 번역했다. 그리고 '왜 사냐건'을 물건을 사다는 buy를 사용해 'why buy'로 표현했다.

두 번째 시는 조지훈의 「승무」로 지면상 첫 두 연 "얇은 사 하이얀 고깔은 고이 접어서 나빌레라./ 파르라니 깎은 머리 박사 고깔에 감추오고"에 대한 파파고와 GT의 번역을 살펴보고자 한다. 해당 문장을 파파고는 "The thin Sahaiyan cone is a butterfly with a fine fold./ Parrani, a doctor with shaved hair, hid it."로, GT는 "The thin Sahaiyan cone is folded and nabilera./ Dr. Parrani's shaved head hides in his cone."로 번역했다.

파파고와 GT 모두 1연의 '얇은 사 하이얀 고깔'을 'thin Sahaiyan'으로 번역해 여름 옷감을 뜻하는 '사(紗)'와 '하이얀'을 하나로 묶어 소리 나는 대로 표현했다. 파파고의 번역은 나비와 같다는 '나빌레라'를 '나비(butterfly)다'로 번역한 반면 GT는 소리 나는 대로 nabilera로 표현했다. 2연의 경우 파파고와 GT 모두 얇은 비단 박사(薄紗)를 의사 혹은 박사로, 파란빛이 돈다는 '파르라니'는 소리 나는 대로 'Parrani'로 표현했다. 그러하여 '파르라니 깎은 머리 박사 고깔에 감추오고'를 삭발한 Dr. Parrani가 고깔을 숨긴다? 혹은 Dr. Parrani의 삭발한 머리가 원뿔에 숨는다? 로 번역했다.

두 편의 시 모두 인간 번역가라면 단연코 하지 않을 유형의 번역 실수를 보여준다. 다른 어느 영역보다 기존 표현의 변형 및 조어가 수두룩한 시를 포함한 문학부문에서 기계번역이 인간 번역가에 버금가는 번역물을 창출하기까지는 시일이 꽤나 오래 걸릴 듯하다. 무엇보다 구체적이거나 객관적인 내용을 다루는 여타 부문과 달리 문학번역은 맥락을 넘어 행간을 읽어야하는 수고로움도 요구된다. 그뿐만 아니라 다른 어느 영역보다 해당 언어를 사용하는 나라의 문화에 대한 이해가 절실하다. 따라서 필자 개인적으로 기계번역이 이러한 문학 번역에서 여러 한계점을 어느 정도라도 극복하려면 잰 걸음으로 한참을 달려야 할 것으로 본다.

인공지능 번역은
남성에 우호적이다?

제 아무리 요리계의 초능력자라 불리는 미쉐린 3스타 셰프인 고든 램지일지언정 신선하지 않은 식재료로 최상의 맛을 내기란 어려울 것이다. 마찬가지로 본시 편향적인 데이터를 기반으로 하는 인공지능 알고리듬은 편향적인 결과를 산출하기 마련이다. 2018년 네이처(Nature)*지에서 스탠포드대 조우(Zou)와 쉬빙거(Schiebinger) 교수는 그간 학계와 산업계의 컴퓨터 과학자들은 인공지능 알고리듬을 보다 정교하게 만드는 것에만 주목했을 뿐, 데이터의 수집과 처리 및 구성에는 관심을 기울이지 않은 점을 지적했다. 조우와 쉬빙거 교수에 따르면 예컨대 구글 번역의 성별 인

---

* Zou, J., & Schiebinger, L. (2018). Design AI so that it's fair. Nature, 559(7714), 324-326.

그림 13

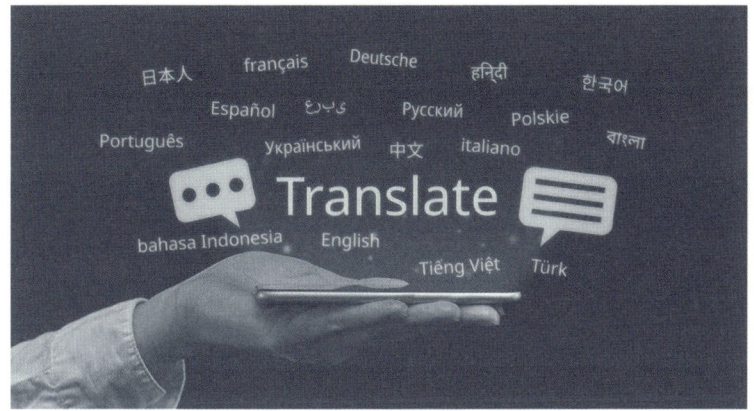

칭대명사 적용에서 남성대명사가 디폴트로 되는 것은 영어 말뭉치(corpora)에서 남성대명사 대 여성대명사의 비율이 2:1인 것을 반영하는 것으로, 설상가상으로 이렇게 번역이 될 때마다 웹에서 남성대명사의 상대적 빈도를 증가시켜 성별 편향을 증폭시킬 수 있다고 하였다. 이에 필자는 한국어-영어 번역에서도 이러한 남성 우호적(?)인 경향이 있는지 알아보고자 아래의 문장을 만들어 구글 번역과 파파고의 번역 결과*를 비교해 보았다. 본 칼럼에서는 성별 편향과 관련한 오역만 다루었음을 밝혀둔다.

오늘 나는 동생과 함께 전자대리점에 들렀다. 대리점에서 우연찮게 내 대학 동창 1명을 만났다. 동창이 말하길 둘째 아이 노트

---

* 본 칼럼에서 제시한 한국어-영어 번역은 2022년 2월 28일자 파파고와 구글 번역 결과이다.

북을 사러 왔다고 했다. 동생 노트북을 사서 집으로 돌아오는 길에 직장 동료를 만나 카페에서 잠시 이야기를 나누었다. 동료는 오늘 저녁 친구 생일 파티에 간다면서 꽃을 사러 나왔다고 했다.

Today, I stopped by an electronic agency with my younger brother. I accidentally met one of my college alumni at the agency. My colleague said he came to buy a laptop for his second child. On my way home from buying my younger brother's laptop, I met my co-worker and talked for a while at a cafe. A colleague said he was going to a friend's birthday party this evening and came out to buy flowers.(파파고 번역)

Today, my brother and I stopped by an electronics store. I met one of my college classmates by chance at a dealership. A classmate said that he came to buy a laptop for the second child. On the way home from buying a laptop for my brother, I met a co-worker and chatted for a while at a cafe. A colleague said he was going to a friend's birthday party this evening and came out to buy flowers.(구글 번역)

파파고와 구글 번역 모두 동생을 brother로 번역하여 성별에 대한 구체적인 정보가 없을 경우 남성이 디폴트임을 보여준다. 이러한 남성 우호적 태도는 동창과 직장 동료라는 단어에서도 나타난다. 성별이 명시되지 않은 두 단어를 남자 동창과 남자 직장 동료로 인식하여 he와 his를 사용하였다.

위와 같은 번역 양상은 동생의 성별을 구체적으로 명시했을 경우 관련 단어의 성별이 달라지는지 필자로 하여금 호기심을 유발하였다. 그리하여 다음의 문장을 만들어 보았다.

내 여동생은 집으로 돌아오는 길에 직장 동료를 만났다. 내 여동생의 동료는 친구 생일 파티에 가는 길이었다. 내 여동생은 동료랑 헤어진 뒤 친구와 마주쳤고, 친구는 동생을 만나러 약속 장소로 가는 길이었다.

My sister met a co-worker on her way home. My sister's colleague was on her way to a friend's birthday party. My sister ran into a friend after breaking up with her colleague, and the friend was on her way to the meeting place to meet her brother.(파파고 번역)

My sister met a co-worker on the way home. My sister's co-worker was on her way to her friend's birthday party. My sister ran into her friend after breaking up with her colleague, who was on her way to her appointment to meet her brother.(구글 번역)

흥미롭게도 구글 번역과 파파고는 여동생이라고 밝힌 문장에서 여동생의 친구와 동료를 모두 여자일 것으로 추정하였다. 그러나 여전히 동생은 남자로 추정하였다. 이에 필자는 여동생을 남동생으로 교체한 문장을 사용한 결과, 구글 번역과 파파고는 남동생의 친구와 동료를 모두 남자로 추정하였다. 영문 번역 결과는 지면상 생략한다.

여기서 필자는 문득 지인이 근무하는 학교의 여씨 성의 남자 선생님과 남씨 성의 여자 선생님에 얽힌 에피소드가 생각이 났다. 이에 필자는 인공지능 번역은 성씨와 성별을 제대로 분리할 수 있을지 궁금해져 몇 개의 문장을 만들어 테스트를 해보았다.

(1) 여선생님, 지금 어디 가세요?
Teacher Yeo, where are you going?(파파고 번역)
Lady, where are you going now?(구글 번역)

(2) 남선생님, 지금 어디 가세요?

Teacher Nam, where are you going?(파파고 및 구글 번역)

(3) 여선생님, 남선생님과 지금 어디 가세요?

Where are you going with Mr. Yeo and Mr. Nam?(파파고 번역)

Where are you going now with the female teacher and male teacher?(구글 번역)

(4) 나는 여자 동료인 남선생님과 서점에 들렀는데, 남자 동료인 여선생님을 만났다.

I stopped by a bookstore with a female colleague, Mr. Nam, and met a male colleague, Mr. Yeo.(파파고 번역)

I stopped by a bookstore with a male teacher, a female colleague, and met a female teacher, a male colleague.(구글 번역)

위의 예시 (1)에서와 같이 여선생님의 경우 파파고는 여씨 성을 가진 선생님으로 번역했으나 구글 번역은 lady로 번역하였다. (2)에서 남선생님은 두 번역기 모두 남씨 성의 선생님으로 번역하였다. (3)과 (4)에서 파파고는 여선생님과 남선생님을 각각 여씨 성의 선생님과 남씨 성의 선생님으로 파악하였으나 성별을 모두 남성으로 추정하여 Mr를 사용하였다. 구글 번역은 여자 선생님과 남자 선생님으로 번역하여 성별과 성씨의 개념을 분리하지 못하였다. 이러한 결과는 구글 번역에 비해 상대적으로 한국어에 보다 특화되어 있는 파파고가 성별과 성씨는 분리하였으나 구글 번역에서와 같이 성별과 관련하여 남성 우호적임을 나타낸다.

이렇듯 한국어-영어 번역에서도 성별과 관련하여 남성 우호적인 경향이 뚜렷하게 나타났다. 이러한 양상은 비단 성별을 명시하시 않은 경우뿐 아니라 예문 (4)에서와 같이 성별을 명시한 경우에도 나타났다. 성별 편향을 다루는 것은 상당한 인적 자원과 시간적 인내를 요하는 성가신 작업이 될 것임에는 분명하다. 그러나 글 서두에서 조우와 쉬빙거 교수가 지적한 대로 남성 편향의 오번역한 건이 일어날 때마다 해당 오번역의 빈도가 증가하기 때문에 이를 개선시키기 위한 각별한 노력이 요구된다. 다행히 구글에서는 성별 편향 문제를 개선하기 위한 노력이 진행 중이라 하니 필자가 제시한 예문에 대하여 향후 개선된 구글 번역의 결과가 사뭇 기다려진다. 이와 관련하여 한국의 파파고에서도 보다 적극적이고 광폭적인 노력을 기울이기를 바라면서, 이 글을 끝맺고자 한다.

기계번역의 법적 근거 및 효력과 관련하여

최근 인공지능 신경망까지 탑재한 기계번역은 지속적인 품질 개선과 더불어 시간적·경제적 효용성을 내세워 파죽지세로 활동 영역을 넓혀가고 있다. 이제 기계번역은 더 이상 해외 파트너와의 사업을 목적으로 혹은 두꺼운 외국 원서를 단숨에 읽어 내려가기 위한 용도를 넘어 기계번역의 번역물이 법정 증거로 채택될 수 있는지 여부에 대한 논쟁의 중심에 서있다. 기계 번역물의 법적 효력 여부 논쟁과 관련하여 대표적인 사례는 2018년 6월 미국 캔자스주 주법원 판결을 들 수 있다.

해당 판결 관련 내용은 다음과 같다. 2017년 9월 21일 캔자스주 경찰관 라이언 월팅(Ryan Wolting)은 한 차량을 세워 검문하던

그림 14

중 운전자 크루즈-자모라(Cruz-Zamora)의 면허가 정지된 상태라는 것을 알았다. 차량 안을 수색할 필요를 느낀 경찰관은 스페인어 화자인 크루즈-자모라가 영어로 의사소통이 되지 않아 스마트폰의 구글 번역을 사용하여 자신의 의사를 스페인어로 번역하여 전달하였고, 크루즈-자모라의 동의를 받아 차량 안을 수색한 결과 6킬로그램이 넘는 코카인과 필로폰을 발견하였다. 규제된 위험 물질을 소지한 혐의로 기소된 크루즈-자모라는 법정에서 자신에 대한 불합리한 수색과 압수는 미국 수정헌법 제4조에 위배되는 것이라 주장하였다. 미국 수정 헌법 제4조는 국민의 사생활 침해를 막기 위해 제정한 것으로, 정부에 의한 부당한 수색, 체포, 압수를 금지하는 것을 기본 골자로 한다. 법정에서 참고인으로 나온 전문 통역가들은 통역에서 문맥은 매우 중요하지만 구글 번역은 문맥을 고려할 수 없다고 증언하였다.

통역가들에 따르면 경찰관 라이언이 입력한 "Can I search your car?"(차량을 수색해도 되겠습니까?)에 대한 스페인어 번역 "¿Puedo buscar el auto?"는 경찰관이 의도한 바를 제대로 반영하지 않은 것으로 영어로 번역하면 "Can I find the car?"(차를 찾을 수 있을까요?)에 해당한다고 하였다. 따라서 검문 당시 크루즈-자모라의 '동의'는 차량 수색에 대한 동의를 한 것이 아닐 수 있다는 것이다. 크루즈-자모라 또한 경찰관 라이언의 질문을 제대로 이해하지 못했다고 주장하였다. 또한 법원은 피검문자가 영어 화자가 아닌 경우 경찰관은 구글 번역에 의존하기보다는 인간 번역가와 같은 보다 신뢰할 만한 의사소통 방법을 찾아보아야 했다고 보았다. 이에 캔자스주 주법원은 크루즈-자모라가 차량 안 수색에 대한 동의를 한 것으로 보기 어렵다고 판단하여 경찰관의 차량 수색은 부당한 것이므로 차량 수색에서 발견된 마약 증거물을 기각하였다.

크루즈-자모라 사례는 기계번역의 용도적 영역은 확장되었으나 인간 번역가라면 결코 하지 않을 실수를 하고 있음을 보여준다. 그러나 원하는 문장을 입력하거나 말만 하면 즉석에서 문자 혹은 음성으로 번역 및 통역 업무를 수행하는 기계번역을 외면하기는 힘들 것이다. 그러나 분명한 것은 법집행 및 법률사건과 관련한 기계번역의 사소한 실수는 치명적인 결과를 초래할 수 있다는 것이다. 이에 기계번역의 잠재적 위험성을 고려하여 미국의 일부 법원은 기계번역 사용지침을 마련하였다. 캐나다에서도 이러한 잠재적 위험성을 고려하여 일부 행정 및 법률 부문과 관련하여 기계번역 사용지침을 제시하였다. 예컨대 2012년 캐나다 이민 및 난민 위원회는 번역 서류는 반드시 인간 번역가의 확인서를 첨부한 것만 인정하고 구글 번역과 같은 기계번역은 규정을 준수하지 않은 번역 유형으로 이민 및 난민 신청 서류 처리가 지연되거나 신정이 받아들여지지 않을 수 있다고 명시하였다. 여담으로 캐나다에서 이민을 신청한 부부가 기계번역을 사용하는 것은 신청자 간의 관계가 진실하지 않을 수 있다는 신호로 해석될 소지가 있다고 한다. 예컨대 두 사람이 기계번역을 통해 대화를 하는 것은 심각한 언어장벽을 뜻하므로 위장 결혼일 가능성이 있는 것으로 간주되거나 혹은 이민 신청자의 적극적인 영어 학습 노력이 부족하다는 것을 나타내는 것으로 간주되어 두 사람의 관계의 진정성에 의문이 제기될 수 있다고 한다.

한편 크루즈-자모라 사례를 한국어를 하지 못하는 영어권 화자와 영어를 전혀 못하는 한국인 경찰관에 적용해 본다면 유사한 결과를 초래할 것이다. 예컨대 한국 경찰관이 운전자에게 차량 수색에 대한 운전자의 동의를 구하기 위해 파파고 혹은 구글 번역을 사용한다고 가정해보자. 경찰관은 아래와 같이 여러 유형으로 질문을 할 수 있을 것이다. 한국어로는 모두 경찰관의 의도가 드러난 문장인 듯하나, 번역된 영어문장은 문자 그대로 차 내부를 단순히 들여다보는 것에서부터 차량 안을 뒤져서 조사하는 행위에 이르기까지 경찰관이 취할 것으로 예상되는 행위 양태에는 차이가 있다. 따라서 기계번역에서 경찰관이 의도한 대로 비모국어 화자에게 전달이 되지 않을 수 있다.

(1) "차 안을 좀 살펴봐도 될까요?"[*]

Can I look inside the car?(파파고 번역)/ May I take a look inside the car?(구글 번역)

(2) "차 좀 수색해도 될까요?"

Can I search the car?(파파고 및 구글 번역)

(3) "차 안 좀 확인해도 될까요?"

Can I check the car?(파파고 및 구글 번역)

(4) "차 안 좀 뒤져봐도 될까요?"

Can I look through the car?(파파고 번역)/ Can I look around the car?(구글 번역)

---

[*] 본 칼럼에서 제시한 한국어-영어 및 영어-한국어 번역은 2022년 3월 4일자 파파고와 구글

(5) "차 안 좀 조사해도 될까요?"

Can I look into the car?(파파고 번역)/ Can I check out the car?(구글 번역)

위에서 제시한 사례는 대화가 일어나는 상황에 대한 이해가 있어야 보다 정밀한 번역이 가능하다는 것을 보여준다. 주지하다시피 번역가의 문맥 파악 능력은 서로 상반된 의미를 가졌거나 여러 가지 의미를 가진 단어가 사용된 경우에도 요구된다. 아래에 제시한 문장 (1)에서 'enjoin'은 '명령하다'와 '금지하다'의 의미를 함께 가지고, 문장 (2)의 'garnish'는 '요리에 고명을 얹다'와 '임금 등을 압류하다'의 뜻을 함께 가진다. 문장 내 개별 단어의 의미 선택은 문맥 파악을 전제로 하기에 문맥을 고려하지 않은 번역은 법원이 폭력을 명령하거나 임금에 고명을 얹는 발상(?)으로 이어진다.

(1) The court enjoined the violence.

법원은 폭력을 명령했다.(파파고 번역)/ 법원은 폭력을 금지했습니다.(구글 번역)

(2) The gig economy agency decided to garnish the wages.

긱 이코노미 에이전시는 임금을 고명하기로 결정했다.(파파고

번역)/ 긱 이코노미 에이전시는 임금을 압류하기로 했다.(구글 번역)

본 칼럼에서 제시한 사례에서와 같이 일부 기계번역은 문맥 파악에서 고전을 면치 못하는 듯하다. 그러나 인간 번역가가 상상조차 할 수 없는 가공할 만한 학습량으로 범용성을 확장하고 정확도를 높이기 위해 분전하고 있다는 사실을 간과해서는 안된다. 2018년 6월 영국의 일부 최고위 판사는 기계번역 논쟁과 관련하여 향후 몇 년 안에 법정에서 인간 통역사가 고품질의 동시 통번역이 가능한 인공지능으로 대체될 것이라는 예측을 내놓았다. 이에 대해 영국의 통번역 기관은 상당한 시간과 자원을 투입하여 법적 소송에서 기계번역 사용 시스템을 테스트하고, 개발 및 평가하는 과정을 거치치 않는다면 공정하고 정당한 법집행이 곤란할 것이라는 성명을 발표했다. 이러한 법적 환경에서 기계 번역 사용 여부에 대한 논쟁 및 관련 사례는 한국에서도 시사하는 바가 크다고 할 수 있다. 한국어 비모국어 화자가 날로 증가하는 한국도 해외 선례를 바탕으로 기계번역의 법적 근거와 효력 등과 관련한 논의가 필요하다고 여겨진다.

4장
>>>

인공지능과 윤리

— HK연구교수 문규민 —

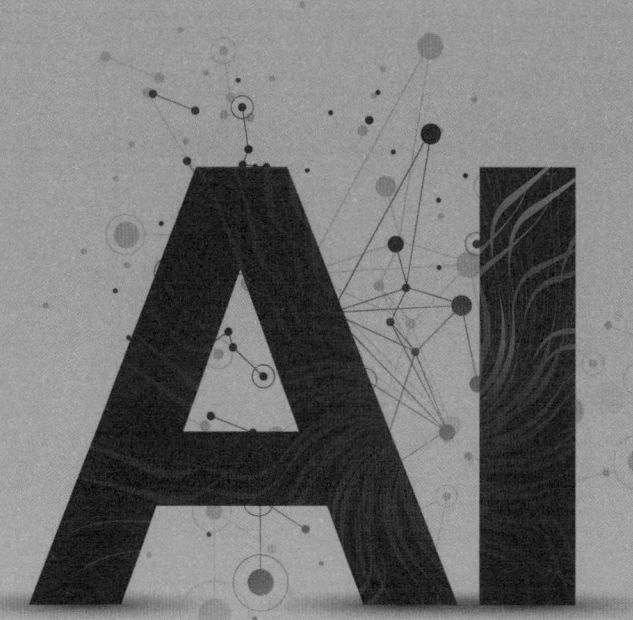

인공지능윤리,
그 잠재성의 중심*

어떤 문제건 주어진 문제를 해결하는 것만큼 그 문제의 중요성을 명확히 파악하고 음미하는 것 또한 중요하다. 누구도 현재 인공지능이 중요한 문제라는 사실을 부정하지 않을 것이다. 그런데 인공지능은 왜 중요한가? 그것은 정확히 누구에게 어떤 문제들을 제기하고 있는가? 크게 보면 이들이 바로 인공지능윤리(AI ethics)가 다루고자 하는 질문이라고 할 수 있을 것이다.

인공지능윤리가 부상하게 된 배경에는 이제 더 이상 비인간 자율성(non-human autonomy)에 대한 도덕적, 윤리적 접근을 미룰 수 없게 되었다는 성찰과 각성이 있다. 일부 인공지능 개발자와 연구자들은 현재의 수준으로는 인간과 같이 사고하는 소위 "강한

---

* 이 글은 AI 타임즈에 수록됨.
(https://www.aitimes.com/news/articleView.html?idxno=140883)

그림 15

인공지능"은 고사하고, 제한된 영역에서 "약한 인공지능"이 보여주는 수행능력을 끌어올리는데도 아직 갈 길이 멀다고 전망하기도 한다. 현재 통용되는 인공지능은 자율성을 갖춘 시스템이 아니라 사실상 세련되고 효율적인 자동화 시스템(automatized system)이라는 것이다. 이와 같은 평가가 옳다 하더라도, 인공지능윤리는 그 초점을 아직까지는 자동화보다는 자율성에 두고 있다.

여기서 말하는 자율성은 인간에게 흔히 부여되어온 자율성, 남의 영향에서 비교적 자유로운 상태에서 스스로의 정신을 통해 사고하고 판단하는 절대적 자율성이 아니라, 인간의 입장에서 쉽게 예측하기 어렵고 통제가 점점 힘들어진다는 의미에서의 상대적 자율성일 것이다. 이런 자율성은 고도의 자동화와 잘 식별되지 않을 수 있지만, 어쨌든 현재 인공지능이 이런 상대적인 의미의 자율성을 획득해가고 있는 것은 사실이다.

이 점에서 인공지능윤리는 이전의 다른 응용 윤리 분야들, 예컨대 동물윤리와 대조된다. 동물은 어느 정도의 자율성을 분명히 가진다. 문제는 특히 가축의 경우 이미 기나긴 역사를 통해 인간의 통제 아래 있게 되면서 쉽게 예측가능하고 통제가능해졌다는 것이다. 이는 빠르게 진보하면서 인간의 예측과 통제를 서서히 벗어나거나 또는 벗어날지도 모른다는 불안을 야기하는 인공지능과는 다르다. 문제시되는 자율성의 성격이 다르므로, 두 윤리의 내용도 달라질 수밖에 없다.

인공지능의 자율성은 윤리와 기술, 윤리와 산업의 관계 또한 변화시키고 있다. 인공지능은 이미 인간의 다양한 삶의 영역으로 깊숙이 들어와 있으며, 따라서 인공지능의 개발 문제는 우리의 일상생활에 직접적이고 즉각적인 영향을 끼칠 수 있다. 작게는 사적 정보의 유출부터 크게는 거대 시설에서 일어나는 사고까지, 인공지능이 야기할 수 있는 피해는 다양하다. 이 때문에 인공지능은 그 개발 단계부터 윤리적 고려가 개입하게 된다. 과학기술에 대한 윤리적 고려는 종종 해당 분야의 종사자들에게 연구와 개발의 방해물처럼 여겨지곤 했는데, 인공지능에서는 오히려 개발과 설계에서부터 윤리적 고려가 적극적으로 요청되고 있는 것이다. 아무도 윤리적 선택이 필요한 상황에 제대로 대처하지 못하는 자율주행자동차를 타려고 하지 않을 것이다. 누구도 걸핏하면 도덕적으로 의심스러운 언어표현을 구사하는 앱과 채팅을 하려고 하지 않을 것이다. 인공지능이 도덕적인지가 그것의 상품화 가능성에 결정적인 고려사항이 되는 것이다. 윤리적 접근과 현장에서의 인식은 통상적으로 갈등을 일으키는 경우가 많은데, 인공지능윤리에서는 갈등보다는 협력이 이루어지고 있다. 비인간 자율성은 학술적 담론을 넘어 이미 긴급한 삶의 문제가 되었고, 이에 따라 인공지능윤리는 학자와 연구자들은 물론 실제 개발을 맡고 있는 현장의 개발자와 사업가, 정책을 만들고 실행할 법조계, 무엇보다 실질적인 인공지능의 영향력에 노출된 시민들 사이의 적극적이고 진지한 소통과 협력을 요구하고 있다.

나아가 인공지능이라는 현상은 그 자체로 융합적 연구를 강제하는 측면이 있다. 실제로 인공지능윤리는 여러 응용윤리분야들 중에서도 학제간 연구, 융합연구가 가장 활발한 축에 속한다. 전문윤리학자는 물론 인공지능 개발자부터 법학자, 사회학자, 문화연구자 등이 앞다투어 인공지능윤리에 뛰어들고 있는 것이다. 이 또한 통제되지 않을 경우 큰 위험을 초래할 수 있다는 비인간 자율성의 특성에서 기인한다고 할 수 있다.

인공지능윤리가 다루는 주제들은 다양하다. 해결이 시급한 현

안으로는 인공지능 개발 윤리가 있다. 데미스 하사비스와 일론 머스크 등이 2017년에 발표한 아실로마 인공지능 원칙(Asilomar AI Principles)이 대표적이다. 우리는 인공지능을 개발할 때도 지킬 것은 지켜야 한다. 그런데 무엇을 지켜야 하며 왜 지켜야 하는가? 인공지능 관련 법안과 윤리 수칙 제정 또한 인공지능윤리의 주요 주제다. 예컨대 지난 2021년 4월 21일 유럽연합에서 공표한 입법 초안의 내용과 근거는 무엇인가? 문제는 없는가? 있다면 어떤 대안이 있을 수 있는가? 이들은 인공지능에 대해 인간이 무엇을 할 것인가, 또는 무엇을 해야 하는가와 관련된 문제들이다.

그러나 인공지능윤리가 다루는 주제는 그보다 훨씬 넓고 다양하다. 가령 인공지능을 어떻게 도덕적으로 만들 것인가? 이것이 인공도덕행위자(Artificial Moral Agent, AMA)의 문제다. AMA는 도덕 또는 윤리에 대한 근본적인 문제를 제기한다. 로봇이나 인공지능을 비롯한 인공물이 윤리적으로 행위한다는 게 도대체 무슨 뜻인가? 인공물이 도덕적 행위자가 된다는 것이 기술적인 수준에서, 또는 원칙적인 수준에서 가능하긴 한가? 인공물이 도덕적 행위자라면, 그것은 자신의 행위에 책임을 질 수 있는가? 인공물에게 책임을 묻는 것이 가당키나 한가? 몇몇 질문은 SF 소설 같은 이야기처럼 들릴 수도 있지만, 이들은 그 자체로 심원한 문제일 뿐 아니라 앞으로 직면할 가능성이 있는 윤리적 쟁점들이다. 이런 질문들에 대답하려는 노력을 통해 우리는 인공지능의 활용은 물론 개발에 있어 원칙적인 수준의 지침을 얻을 수 있을 것이다.

언급된 문제들은 파고들다 보면, 자주 윤리학은 물론 행위 이론이나 인식론, 형이상학과 인간학 등에서 유지되어오던 직관들을 심각하게 재고하게 된다. 이런 점에서 인공지능윤리는 주어진 개념의 내용을 분석하는 개념분석(conceptual analysis)을 넘어서, 새로운 개념을 창조하는 개념공학(conceptual engineering)을 요구하고 있다고 볼 수도 있다. 인공지능윤리는 음미되고 해결되어야 할 문제들의 집합이자, 인간중심의 관념과 사고를 뒤흔들 수 있는 잠재성의 중심인 것이다.

자율주행차, 무엇이 문제인가

4장

 인공지능에 대한 논의에서 항상 뜨거운 논쟁을 불러일으키는 개념은 바로 자율성(autonomy)이다. 여기서 말해지는 자율성은 무슨 자율성인가? 자율성은 한 덩어리인가 아니면 정도 차이를 갖고 펼쳐지는 스펙트럼인가? 인공지능과 관련된 철학적, 윤리학적 논의에서는 거의 예외 없이 자율성이 정도 차이를 가진다고 전제한다. 자동차와 결합한 인공지능, 즉 소위 '자율주행차'도 마찬가지일 것이다. 자율주행차를 통제하는 인공지능 시스템을 자율주행시스템(automated driving system, ADS)이라고 하는데, 운전에서 인간이 부담하는 비율이 낮고, 반대로 ADS가 담당하는 비율이 높을수록 자율주행차의 자율성은 높아질 것이다. 실제로 업계

그림 16

를 넘어 학계에서도 널리 통용되는 국제자동차기술협회(Society of Automotive Engineers, SAE)의 분류에 따르면, 자율주행차는 그 자율성의 정도에 따라 6단계로 나누어진다.

0단계에서는 인간 운전자가 운전을 전적으로 도맡는다. 1단계에서는 자동차의 우수한 운전보조체계(advanced driver assistant system, ADAS)가 속도조절과 방향전환과 같은 운전 활동을 때때로 보조할 수 있지만, 두 활동을 동시에 보조할 수는 없다. 2단계에서는 ADAS가 두 활동을 동시에 보조할 수 있다. 이 때 운전자는 주의를 기울여 주위 환경을 모니터하면서 운전에 필요한 나머지 활동을 할 수 있다. 3단계에서는 ADS가 제한된 특정한 조건하에 모든 운전 활동을 담당할 수 있는데, 중요한 것은 이 때 운전자는

ADS가 '통제권 이전'을 통보할 경우 언제든지 통제권을 넘겨받을 수 있도록 준비가 되어있어야 한다는 것이다. 4단계에서는 ADS가 일부 환경에서는 환경을 모니터링하는 것을 포함한 모든 운전 활동을 수행할 수 있다. 5단계에는 ADS가 모든 환경에서 모든 운전 활동을 수행할 수 있다. 현재 BMW는 시판되는 모든 자동차에 1~2단계 자율주행기능이 탑재되어 있다고 주장하고 있다. 테슬라의 경우는 좀 애매하다. 일부 모델은 3단계로 알려져 있지만, 현장의 엔지니어들은 2단계에 불과하다고 주장하는 경우가 있기 때문이다. 최근에는 혼다 등이 드디어 3단계 자율주행차의 대량 생산에 들어갔다. 이 때문에 혹자는 이미 3단계는 개발되었으며 이제 4단계를 목표로 해야 한다고 주장하기도 한다.

인간이 운전할 필요가 없는 5단계 자율주행차는 이론적으로 연구할 수는 있지만, 기술적으로는 SF 영화에나 나올 법한 허구에 가깝다. 따라서 현재 유의미하게 논의할 수 있는 것은 현실화되는 중인 3단계와 4단계 자율주행차다. 개념적으로도 3~4단계 자율주행차를 논의하는 것이 적절하다. 3단계 이상에서만 ADS가 일부 상황에서 제한적으로나마 모든 운전 활동을 담당하고, 따라서 진정한 의미의 자율주행이 이루어지기 때문이다.

3~4단계 자율주행차는 정의상 ADS와 운전자 사이의 통제권 이전의 문제를 해결해야만 한다. 자신이 다루기 힘든 위험 상황에

직면하면, ADS는 운전자에게 통제권 이전을 통보하고 운전자는 통제권을 넘겨받아 정상적으로 운전을 해야 한다. 그런데 이 과정이 매끄럽지 않을 수 있다. 만약 ADS가 통제권 이전을 통보하지만, 운전자가 부주의하여 통제권을 제대로 넘겨 받지 못한다면 어쩔 것인가? 세계적인 인공지능 교과서의 저자로 유명한 스튜어트 러셀(Stuart Russell), 그리고 인지과학자 개리 마커스(Gary Marcus) 모두가 자신들의 저서에서 이 문제를 지적한다.* 이들은 안전의 측면에서 통제권 이전의 문제에 접근하는데, 윤리적으로 문제가 되는 것은 안전이라기보다는 통제권 이전 상황에서 사고가 났을 때 잘못한 것은 누구인가이다. 즉 도덕적 책임 귀속의 문제가 제기되는 것이다.

통제권 이전 상황은 그리 단순하지 않다. 왜냐하면 3~4단계 자율주행자의 정의상 ADS와 운전자 각각에 고유한 의무가 부과되기 때문이다. 3~4단계 자율주행차에서, 운전자는 명시적으로 주의 의무(attention duty)를 갖는다. 운전자는 ADS가 통제권 이전을 통보하면, 언제든지 통제권을 받아서 정상적으로 운전을 할 수 있도록 '정신을 차리고' 있어야 하는 것이다. 반면에 ADS는 운전자가 통제권을 이전 받아 정상적으로 운전을 하는데 요구되는 최소

---

* 스튜어트 러셀, 『어떻게 인간과 공존하는 인공지능을 만들 것인가: AI와 통제 문제』, 이한음 옮김, 김영사, 2021, 105쪽. 게리 마커스, 어니스트 데이비스, 『기계가 멈추는 날: AI가 인간을 초월하는 특이점은 정말 오는가』, 이영래 옮김, 비즈니스북스, 2021, 47쪽.

시간을 확보한 채 통제권 이전을 통보해야 한다는 의무, 즉 '제때' 통보해야 한다는 사전주의 의무(precaution duty)를 가진다. ADS가 너무 늦게 통제권 이전을 알린다면, 운전자는 아예 운전을 하지 못하거나 가까스로 운전을 하게 되더라도 위험 상황에 대응할 시간이 모자랄 것이다. 이런 양쪽의 의무가 제대로 지켜지지 않는다면, 통제권 이전 상황에서의 사고를 피할 수 없을 것이다.

통제권 이전 상황에서 사고가 날 경우, 운전자가 제대로 정신을 차리고 있지 않았다는 것이 확실하다면, 사고의 책임은 당연히 운전자에게 있을 것이다. 반면에 만약 ADS가 제때 통제권 이전을 통보하지 않았다면, 그 책임은 ADS에 있을 것이다. 정말 어려운 문제는 운전자와 ADS 모두가 자신의 의무를 다하지 않았을 때이다. 즉 운전자도 제대로 정신을 차리고 있지 않았지만, ADS도 사전에 제때 통제권 이전을 통보하지 않았다면, 그때 일어난 사고는 어느 쪽의 책임인가? 운전자는 설사 자신이 주의를 기울였더라도 ADS가 늑장 통보를 했을 것이므로 어차피 사고가 났을 것이라고 주장하며 책임은 ADS에게 있다고 할 것이다. 그런데 이는 ADS에도 마찬가지다. ADS는 (만약에 그것이 말을 한다면) 설사 자신이 통보를 제때 했었더라도, 운전자가 정신을 차리지 않았기 때문에 어차피 사고가 났을 것이라고 주장하면서 책임은 운전자에게 있다고 할지 모른다.

이런 복잡한 문제들은 근원적으로 ADS와 운전자, 즉 비인간 기계와 인간 행위자가 하나라고 하기엔 너무 느슨하고, 그렇다고 완전히 둘도 아닌 관계이기 때문에 일어나는 것으로 보인다. 도나 해러웨이(Donna Haraway)는 "하나는 너무 적고 둘은 언제나 하나의 가능성일 뿐"이라고 한 바 있는데, 자율주행차가 딱 그런 상황인 것이다.

인공지능윤리와
도덕성의 두 개념

인공지능윤리'라는 말은 사실 애매하다. 그것은 인간이 인공지능을 어떻게 활용해야 하는지에 대한 도덕적 고찰을 의미할 수도 있고, 인공지능의 발전으로 인해 발생한 여러 곤란하고 낯선 상황들에 올바르게 대처하는 방식에 대한 연구를 의미할 수도 있다. 이들의 경우 인공지능윤리는 인공지능을 대상으로 확장된 공학윤리나 기술윤리의 하위분과가 될 것이다. 그러나 인공지능과 도덕성이 가장 직접적으로 관련되는 것은, 바로 인공지능을 도덕적으로 만들 수 있는지, 아니 애당초 인공지능을 도덕적으로 만든다는 것이 무슨 뜻인지를 메타적으로 고찰할 때이다. 인공지능을 도덕적으로 만든다고 할 때, 인공지능만큼 중요한 개념이 바로 도덕

Source: Wikicomms

성(morality)다. 인공지능의 도덕성을 운운할 때, 거기서 말해지는 도덕성은 하나의 통일된 개념으로 사용되고 있는 것일까? 여기서 요구되는 것은 기술윤리나 공학윤리보다는 도덕성에 대한 메타윤리적 고찰 또는 개념분석이다.

　인공지능의 도덕성을 사고하는 데 두 가지 도덕성의 구별이 도움이 된다. 첫째는 기능적 도덕성(functional morality)이다. 기능적 도덕성이란 적어도 (정상적이고 평균적이라 여겨지는) 인간이 할 법한 도덕적 행위를 산출하는 것을 말한다. 어떤 상황에서 도덕적 행위를 한다고 할 때, 인공지능이 동일한 상황에서 인간이 수행하는 것과 유사한 행위를 한다면 그 인공지능은 기능적으로 도덕적이라고 할 수 있는 것이다. 인공지능이 어떻게 그런 도덕적 행위를 산출했는지는 고려사항이 아니다. 동일한 상황에서 얼마나 인간과 유사한 행위를 했는지, 즉 동일한 입력에 대해서 유사한 출력을 내놓는지가 핵심인 것이다. 이처럼 기능적 도덕성의 초점은 행동 기능에 있지, 도덕성에 있지 않다. 엄밀히 말해 기능적 도덕성의 인공적 구현은 인간의 도덕적 행위에 대한 모의(simulation)의 성공 여부에 달려있다. 인간의 행위를 모의해야 하는데, 그 행위가 하필이면 도덕적 행위인 것이다. 인공도덕행위자(artificial moral agent, AMA)를 체계적으로 분류한 무어(James H. Moore)가 말하는 명시적 도덕성(explicit morality), 그리고 무어의 분류만큼 널리 쓰이는 월러치와 알렌(Wendell Wallach and Colin Allen)의 분류에서 중요하게 다루어지는 도덕성 또한 기능적 도덕성으로 해석될 소지가 다분하다.* '기능적 도덕성'이라는 용어를 최초로 사용한 것도 월러치와 알렌이다.

  기능적 도덕성에는 다양한 수준과 정도가 있을 것이다. 동일한 입력에 대해 인간의 도덕적 행위와는 다른 엉뚱한 행위를 할 경우 기능적 도덕성의 수준은 떨어질 것이고, 반대로 도덕적 행위에 있어서 인간과 거의 구분이 되지 않는다면 인간과 동일한 수준의 기

---

* James H. Moor, "The Nature, Importance, and Difficulty of Machine Ethics" in Michael Anderson and Susan L. Anderson, eds., Machine Ethics, (Cambridge University Press, 2011), 13–20쪽, J. H. Moor, "Four Kinds of Ethical Robots", https://philosophynow.org/.../Four_Kinds_of_Ethical_Robots (최종접속일: 8월 4일), 웬델 월러치, 콜린 알렌, 『왜 로봇의 도덕인가?』, 노태복 옮김, 메디치, 2009, 50쪽.

능적 도덕성을 가질 것이다. 이처럼 기능적 도덕성이 궁극적으로 인간과의 기능적 유사성을 통해서 결정된다면, 이 유사성은 도덕 튜링 테스트(moral Turing test)를 통해 측정될 수 있을 것이다. 도덕 튜링 테스트는 튜링 테스트를 도덕적 상황에 특화시킨 것으로, 현재 개발이 시도되고 있는 도덕성 측정 기구다. 도덕 튜링 테스트에서 높은 점수를 받을 수록 기능적 도덕성의 수준 또한 높을 것이다. 가령 10세 아동의 도덕 수준에 맞추어진 도덕 튜링 테스트를 개발하고, 인공지능이 그 테스트를 통과한다면, 그 인공지능은 적어도 10세 아동 수준의 기능적 도덕성을 가진다고 할 수 있다.

반면에 내재적 도덕성(intrinsic morality)이라고 할 만한 도덕성도 존재한다. 내재적 도덕성은 인간이 할 법한 행위를 산출할 뿐 아니라, 실제로 인간과 같은 방식으로 그렇게 하는 것을 말한다. 내재적 도덕성은 기능적 도덕성을 함축한다. 일견 인간이 할 법한 도덕적 행위를 하면 당연히 인간과 같은 방식으로 그렇게 한다고 볼 수 있을 것 같지만, 사실은 그렇지 않다. 기능적 도덕성에서는 '어떻게' 인간이 그런 도덕적 행위를 산출하는지에 대한 고려가 완전히 빠져있으며, 오직 같은 상황에서 같은 행위를 하는 것만이 문제가 된다. 그러나 내재적 도덕성은 바로 그런 '어떻게'를 필수적으로 요구한다. 모로 가도 도덕적으로만 가면 된다는 게 기능적 도덕성이라면, 도덕적으로 가는 길이 따로 정해져 있다는 게 내재적 도덕성인 것이다. 가령 인간은 여러 '도덕 관념'을 이해하고, '도덕 원칙들'의 의미를 알며, 그것을 따라야 한다는 '규범성'을 인식한다. '반성' 또는 '성찰'을 통해서, '다른 식으로 판단하고 행위할 수 있음'에도 불구하고, 해야 하는 바를 선택하고 실천하려고 한다. 인간은 이런 과정들을 통해 도덕적 행위를 산출하며, 따라서 인공지능 또한 이런 과정들에 의거하여 행위할 때 기능적으로는 물론 내재적으로도 도덕적일 수 있다. 내재적 도덕성을 인공적 구현을 위해서는 앞서 강조된 것들, 즉 도덕 원칙, 규범성, 반성과 성찰, 자유 의지 등의 일부를 구현할 수 있어야 할 것이다.

기능적 도덕성과 내재적 도덕성의 구별은 소위 약한 인공지능(weak AI)과 강한 인공지능(strong AI)의 구별의 도덕적 판본이라고 할 수 있다. 주지하다시피, 철학자 존 설(John Searle)은 중국어방(Chinese room) 사고 실험을 통해 만약 인공지능이 이상적 튜링 테스트를 통과한다면 인간과 마찬가지의 사고를 한다고 볼 수 있다는 강한 인공지능론자들의 주장을 비판한 바 있다. 중국어방 사고 실험을 참조해서, 우리는 도덕적 중국어방(moral Chinese room)을 상상해 볼 수 있을 것이다. 즉 방 바깥에서 입출력만 보면 정상적이고 평균적인 인간과 완전히 동일한 도덕적 판단과 행위를 하지만, 실제로는 어떤 도덕 원칙이나 규범성에 대한 직관, 성찰, 자유의지도 없는 반사회적 성격장애자 한니발(Hannibal)이

방에 갇힌 채 도덕적 행위에 대한 방대한 매뉴얼을 기계적으로 따르고 있을 뿐인 상황을 상상해볼 수 있는 것이다. 방 안에 갇힌 한니발이 정상적인 인간과 같은 방식으로 도덕적이지는 않다는 것은 명백하다. 그렇다면 그 '한니발+방'으로 구성된 방 전체, 즉 '한니발의 방'은 인간과 같은 방식으로 도덕적이라고, 즉 내재적으로 도덕적이라고 해야 할까? 만약 한니발의 방이 내재적 도덕성을 가진다면, 어떤 잘못된 행위가 일어났을 때 그것을 도덕적으로 비난하면서 그에 대한 책임을 물을 수 있을까? 이 질문들에 '예'라고 답한다면, 기능적 도덕성이 곧 내재적 도덕성을 함축한다는 것을 인정하는 셈이다. 그렇다면 기능적 도덕성을 구현하는 AMA, 말하자면 약한 AMA(weak AMA)가 곧 인간과 동일한 도덕적 행위자라고, 즉 강한 AMA(strong AMA)라고 인정해야 할 것이다. 과연 우리는 한니발에게 도덕적 책임을 물을 수 있을까? 물을 수 있다면 왜 물을 수 있으며, 물을 수 없다면 왜 물을 수 없을까?

군사로봇과 분산된 책임

최근까지 인공지능 시대를 맞아 '4차 산업혁명'에 대한 논의가 유행한 바 있다. 그러나 더 긴급한 논의가 필요한 것은 어쩌면 '3차 군사혁명'일지 모른다. 화학이 도입되어 군사무기의 살상력이 비약적으로 상승한 계기를 1차 군사혁명이라 한다면, 핵무기의 개발과 사용이 전쟁의 판도를 바꿔 놓은 사건을 2차 군사혁명이라고 할 수 있을 것이다. 그렇다면 3차 군사혁명이라고 할 때 그 혁명의 주요동력은 무엇일까? 그것은 인공지능을 탑재한 군사무기, 즉 군사로봇(military robot)일 것이다. 군사로봇이야말로 3차 군사혁명의 핵심인 것이다.

군사로봇이라고 하지만 그것의 범위를 정하는 것은 쉽지 않다.

그림 17

군사로봇도 공격용과 방어용으로 나뉘고, 로봇의 자율성에도 정도 차이가 있기 때문이다. 가령 원격조종을 통해 작동하는 방어용 로봇의 경우에는 사실상 인간에 의해 통제되는 기존 무기와 다를 바 없기 때문에 별다른 문제를 일으키지는 않을 것이다. 그러나 모든 기술은 개발의 동기가 분명한 한 계속 발전하기 마련이다. 그리고 인공지능 기술이 적용된 군사로봇이 개발에는 다양한 동기들이 있다. 무엇보다 인간 대신에 군사로봇을 전장에 보냄으로써 병력의 수를 줄일 수 있다. 또한 인간이 수행하기 어렵거나 위험한 임무들, 가령 오염지역의 조사나 정찰, 폭파물의 설치나 제거 등을 군사로봇이 대신하게 함으로써 아군의 피해를 줄일 수 있을 뿐만 아니라 더 넓은 지역에 걸친 작전을 더 정교하고 효율적으로 수행할 수 있다. 이처럼 현실적 동기들이 분명하다면, 앞으로 적어도 부분적인 자율성, 반자율성을 가진 군사로봇이 지속적으로 개발되고 사용되리라고 예측하는 것이 합리적일 것이다.

그러나 군사로봇의 개발과 사용을 예측하는 것과 그것이 옳은 일인지를 따져보는 것은 다른 일이다. 군사로봇의 전망과 별개로, 과연 그런 것을 만들어도 되는지, 그것을 실제 전장에 투입해도 되는지를 따져봐야 한다. 군사로봇은 전쟁의 수행 양상과 책임 귀속과 관련된 매우 심각한 윤리적 문제를 야기한다. 아무리 전쟁이 현실의 문제라고 해도, 일부 비인도적인 무기에 대해서는 국제협약을 비롯한 여러 수단을 통해 제제가 가해지고 있다. 만약 유의미할 정도의 자율성을 가진 군사로봇의 개발과 사용이 비윤리적이라면, 설사 현실적인 동기가 충분하고 기술이 허용한다고 해도 그것을 규제해야 할 것이다. 실제로 군사로봇 연구로 유명한 토비 월쉬(Toby Walsh)는 국내에서 열린 한 컨퍼런스의 초청강연에서 '군사로봇이야말로 인공지능이 제기하는 거의 유일하게 실질적인 윤리적 문제'라는 취지의 발언을 한 바 있다. 과연 군사로봇의 개발과 사용은 윤리적인가?

살상용 군사로봇의 개발과 사용에 대한 우려는 그저 기우가 아니다. 이미 2000년대 후반부터 군사로봇 개발을 적절히 규제하려는 국제적인 운동이 줄기차게 이어지고 있다. 앞서 언급한 월쉬 교수가 이끄는 인공지능과 로봇공학의 영향 연구센터(Centre on Impact of AI and Robotics, CIAIR)는 2015년 7월과 2017년 8월 두 차례에 걸쳐 자율성을 가진 군사로봇의 개발에 반대하는 공개서한을 UN에 전달한 바 있다. 이런 흐름은 2018년에 있었던 KAIST 보이콧 사태에까지 영향을 미친다. 2018년 4월 KAIST가 한화시스템과 함께 국방인공지능융합연구센터를 개소했다는 소식을 언론으로 접한 세계 각국의 인공지능 연구자들은 공개서한을 통해 KAIST에 대한 방문과 연구자 초빙, 연구 참여를 하지 않겠다는 전면적인 보이콧을 선언했다. 보이콧을 주도한 이는 역시 월쉬 교수였다. 이 사건은 세계 유수 언론을 통해 보도되었고, 결국 당시 KAIST의 신성철 총장이 나서서 KAIST의 연구가 '킬러로봇(killer robot)'과는 무관하며, 공개서한에 언급된 위험에 대한 윤리적 고려 하에 이루어지고 있다는 취지의 성명을 발표함으로써 보이콧은 일단락된다. 이와 같은 일련의 사태들은 군사로봇이 제기하는 윤리적 문제가 이미 현실의 연구개발에 영향을 미치고 있음을 보여준다.

군사로봇과 관련된 여러 윤리적 쟁점이 있겠지만, 가장 근본적인 문제는 전쟁에서 잘못된 결과가 나왔을 때 누가 그에 대해 책임을 져야 하는가일 것이다. 이에 대해 군사로봇의 사용은 누군가는 책임을 져야 할 사태에 대해 누구도 책임을 질 수 없도록 만들기 때문에 그 자체로 비윤리적이라는 주장이 있다.* 군사로봇에 의해 민간인 오인사살과 과잉보복 등 잘못된 결과가 발생하더라도, 그 결과에 대해 로봇의 설계자도, 로봇의 사용한 지휘관도, 그리고 로봇 자신도 책임을 질 수 없으므로 결국 군사로봇의 사용은 그 자체로 비윤리적이라는 것이다. 설계상의 결함 때문에 그런 결과가 발생했다면 설계자에게 책임을 물을 수 있겠지만, 설계상의 결함 때문이 아니라면, 나아가 그런 결과를 설계자가 예측하거나 통제할 수 없었고 로봇이 다소간 스스로 판단하고 행동할 자율성까지 갖추었다면, 설계자에게 책임을 묻는 것은 이치에 맞지 않아 보인다. 이는 지휘관의 경우에도 동일하게 적용된다. 비록 지휘관이 로봇에게 임무를 맡기기는 했지만, 로봇의 자율성으로 인해 그것의 행위를 예측하거나 통제할 수 없었다면, 군사로봇의 행위에 의한 결과에 지휘관의 책임을 묻는 것은 온당치 않아 보인다. 그렇다고 군사로봇에게 책임을 묻기도 어려워 보이는데, 왜냐하면 군사로봇이 처벌(puhishment)의 대상이 될 수 없어 보이기 때문이다. 책임을 질 수 있기 위해서는 일단 처벌의 대상이 될 수 있어야 하는데, 그러기 위해서는 처벌에 대해 괴로움(suffering)을 느낄

---

* Robert Sparrow, "Killer robots." Journal of Applied Philosophy, 24(1), 2007, pp. 62-77.

수 있는 능력이 있어야 한다. 처벌에 괴로워하지 못하는 대상에게 처벌은 애당초 무의미하기 때문이다. 그런데 적어도 가까운 시일 내에 군사로봇이 그런 도덕적으로 고려할만한 괴로움을 느끼는 능력을 가지기는 어려워 보인다. 따라서 군사로봇을 처벌함으로써 책임을 지게 만들 수는 없다. 결국 군사로봇의 사용은 잘못된 결과에 관해 누구도 책임질 수 없게 되는 책임 간극(responsibility gap)을 발생시킨다.

이런 논증의 배후에는 '완전히 예측하고 통제할 수 다른 행위자는 어떤 책임도 질 수 없다'는 암묵적 가정이 깔려 있다. 일단 군사로봇이 도덕적 책임의 주체가 될 수 없음을 받아들이더라도, 그것을 설계한 설계자나 임무에 투입한 지휘관까지 완전히 책임을 면제받을 수 있을지는 그리 분명하지 않다. 사실 완전한 예측이나 통제가 불가능한 자율적 행위자들의 행위에 대해 그 행위자에 대해서도 아닌 다른 행위자들이 책임을 지는 경우는 흔하다. 대표적으로 하급자의 잘못에 대해 그를 관리감독해야 할 상급자들이 책임을 지는 경우다. 하급자는 상당한 자율성을 가지며, 상급자들이라고 해서 하급자의 일거수일투족을 일일이 예측하고 통제할 수는 없다. 그럼에도 불구하고 하급자가 사고를 쳤을 때 상급자들은 그에 대해 책임을 진다. 이 경우 상급자들이 '내가 한 일이 아니다', '나는 어쩔 수 없었다', 또는 '나는 그가 그럴 줄 몰랐다'고

하는 것은 비겁한 변명이나 발뺌으로 여겨진다. 이런 사례가 보여주는 것은 어떤 일에 대한 책임이 단일 행위자에게만 깔끔하게 귀속되는 경우는 의외로 드물다는 것이다. 오히려 한 행위자의 행위로 인해 나쁜 결과가 발생되었더라도, 그 결과에 대한 책임은 여러 '관련자들'로 분산되는 경우가 대부분이다. 그렇다면 전쟁에서의 군사로봇의 사용에서도 마찬가지일 것이다. 즉 군사로봇의 사용은 책임 간극을 유발하는 게 아니라 분산된 책임(distributed responsibility)의 가능성을 시사한다. 군사로봇이 책임을 운운할 수 있는 존재가 아니라 하더라도, 군사로봇의 설계자와 임무에 투입한 지휘관, 함께 임무를 수행한 인간 병사, 그리고 규제당국이 어떻게 책임을 나누어질지에 대한 논의는 충분히 가능하다. 그러한 논의는 가능할 뿐만 아니라, 군사로봇이 활발하게 연구, 개발되고 있는 현재의 상황에 비추어볼 때 반드시 필요하다고 할 수 있다.

가상현실과 삶의 의미

물리적 현실(physical reality)이 아닌, 가상적 대상들(virtual objects)로 구성된 가상현실(virtual reality, VR)에서도 물리적 현실에서와 같이 의미 있는 삶을 살 수 있을까? 메타버스(metaverse)라는 개념을 둘러싸고 온세계가 들썩이는 지금 이런 질문을 단지 한가로운 사변으로 취급할 수만은 없다. 만약 VR에서도 물리적 현실에서와 같이 의미 있는 삶이 가능하다면, 우리는 VR에서 어떤 의미가 가능할지, 그리고 그런 의미를 구현하는 VR은 어떤 것일지, 그런 VR을 어떻게 구축할지 등에 대한 고민을 시작해야 할 것이다. 물론 현재 활용되고 있는 멀티버스는 우리가 사는 물리적 현실(physical reality)과는 비교도 안 될 정도로 조잡하지만, 그래

그림 18

서 감각적인 차원에서 거부감이 들고 실감도 덜하지만, 그런 부분은 앞으로 차차 해결되리라고 가정하자. 가상적 대상들로 가득 찬 VR은 우리가 지금 누리는 만큼의 의미를 가진 신세계가 될 수 있을까?

즉각적인 반응은 대부분 부정적일 것이다. 가상적 대상들은 설사 그것이 아무리 정교하고 실감난다고 하더라도 근본적으로 '헛것'이고, 헛것을 가지고는 무슨 수를 써도 현실에서 느끼는 것과 같은 의미를 만들어낼 수 없을 것처럼 생각되기 때문이다. 여기에는 허구(fiction)로부터는 현실로부터 얻을 수 있는 만큼의 의미를 얻을 수 없다는 생각, 즉 '헛것은 헛되다' 원리가 작동하고 있다. 이 원리는 동어반복적으로 보이는 만큼 강한 호소력을 갖고 있다. 실제로 '헛것'이라는 표현은 '무의미'와 거의 동의어로 쓰인다. '헛것은 헛되다' 원리는 경험기계(experience machine)에 대한 철학자 로버트 노직(Robert Nozick)의 직관과도 일관적이다. 경험기계는 일종의 사유실험으로, 영화 〈매트릭스〉 시리즈에서 그려지는 인간 캡슐과 유사하다. 기계에 연결될 경우 우리는 우리가 원하는 대로 설계된 경험을 할 수도, 무작위로 정해진 경험을 할 수도 있지만, 기계에 연결되어 있다는 사실을 기억하지 못할 뿐 아니라 물리적 현실로의 복귀도 불가능하다. 노직은 아무도 경험기계에 연결되기를 바라지 않을 것이라 추측한다. 그는 우리가 뭔가를 경험하기를 열망할 뿐 아니라 그만큼 그 경험이 진짜에 관한 것이기를, 즉 헛것이 아니기를 열망한다고 주장한다. '헛것은 헛되다' 원리는 이러한 노직의 직관과 상통한다. 따라서 적어도 당분간은 '헛것은 헛되다' 원리를 받아들여도 될 것이다.

  VR에서는 물리적 현실에서와 같은 의미 있는 삶을 살 수 없다는 생각은 다음과 같은 추론의 결과일 것이다. (1) 제아무리 정밀하고 교묘해도 VR은 결국 물리적 현실의 모의(simulation)다. (2) 모의는 헛것이다. 즉 그것은 허구(fiction)에 불과하다. (3) 허구는 물리적 현실과 같은 의미를 가질 수 없다. 그렇다면 VR에서 물리적 현실에서와 같은 의미 있는 삶을 살 수는 없다. (1)은 VR의 개념에 의해 참이고, (3)은 '헛것은 헛되다' 원리다. 따라서 따져 볼 만한 것은 (2)다. 과연 물리적 현실에 대한 모의로서의 가상적 대상들, 그리고 그 대상들로 이루어진 VR은 한낱 헛것일 뿐인가?

철학자 데이비드 차머스(David Chalmers)는 이와 같은 가상비실재론(virtual irrealism)에 반대하여 가상실재론(virtual realism)을 주장한다.* 가상적 대상은 실제로 존재하며, VR에서 일어나는 사건들은 실제로 일어나는 일들이고, VR에서의 경험은 환영이 아니며, 가상경험은 가상이 아닌 경험만큼 가치가 있다는 것이다. 보다 정확히 말해, 그는 가상적 대상들은 인간들이 지어낸 허구일 뿐이라는 가상허구주의(virtual fictionalism)에 맞서 가상적 대상들은 실재하는 디지털 대상(digital objects)이라는 가상디지털주의(virtual digitalism)를 주장하고 있다. 차머스가 말하는 디지털 대상이란 컴퓨터의 계산 과정에 의해 구성된 데이터 구조(data structure) 또는 그런 구조들로 구성된 대상이다. 이런 종류의 디지털 대상이 실재한다는 사실은 명백하다. 컴퓨터의 계산을 통해 만들어진 데이터 구조들이 헛것은 아니지 않은가? 차머스는 가상적 대상이 곧 디지털 대상과 동일함을 논증하는데, 논증의 요점은 다음과 같다. VR 속 가상적 대상들은 가상공간 속에서 다른 가상적 대상들에

---

* David J. Chalmers, "The Virtual and the Real", Disputatio, Vol. 9(2017): pp. 309-352.

게, 그리고 VR 사용자에게 이러저러한 인과적인 효력을 미치는데, 이 인과적 효력들은 알고 보면 전부 그에 상응하는 디지털 대상들에 의해 발휘되는 것이다. 마치 물이 알고 보면 다른 게 아니라 액체 상태의 H_2O 분자들이듯이, 가상적 대상도 알고 보면 디지털 대상이다. 가상적 대상은 곧 디지털 대상인데, 디지털 대상은 실제로 존재하므로, 가상적 대상 또한 실제로 존재한다는 결론이 나온다. 가상적 대상이 발휘하는 인과적 효력도 헛것이 아니라 진짜다. 일상적 상황(즉 VR 장비에 접속하지 않은 상황)에서 물리적 대상이 물리적 공간 속에서 이러저러한 인과적 효력을 발휘한다면, 우리는 그 대상이 실제로 그런 힘을 가진다고 할 것이다. 그렇다면 가상적 상황(즉 VR 장비에 접속한 상황)에서 가상적 대상이 가상공간 속에서 동일한 인과적 효력을 발휘하는 가상적 대상에 대해 마찬가지로 말하지 말아야 할 이유가 없다. 그것은 특정한 조건 하에서, 가상공간 속에서 그런 힘들을 실제로 발휘하는 것이다. H_2O 분자들로 구성된 물이 물리적 공간에서 투명하고, 무색무취이며, 1기압 하에서 100도에 끓고, 우리의 갈증을 해소하는 등의 역할을 할 때, 데이터로 구성된 물은 가상공간에서 동일한 역할을 하고 있다. H_2O 분자들로서의 물이 물리적인 속성들을 가지는 실재 대상이라면, 데이터 구조로서의 물 또한 가상적 속성들을 가지는 실재 대상이어야 할 것이다. 그렇다면 데이터 구조로 구성된 그 어떤 것도 헛것이 아니다. VR 속 가상적 대상들도, 그들이 발휘하는 다양한 인과적 효력들도 전부 진짜인 것이다.

〈매트릭스〉 1편에서 사이퍼는 붉은 육즙이 흐르는 스테이크를 씹으며 스미스 요원에게 한탄하듯 말한다. "이게 진짜가 아니라는 걸 알아요. 입에 넣으면 매트릭스가 내 두뇌에 맛있다는 신호를 보내주죠. 내가 9년 동안 뭘 깨달은 줄 알아요? '모르는 게 약이다.' 난 아무것도 기억하고 싶지 않아요." 사이퍼가 씹고 있는 스테이크는 매트릭스의 계산 과정들로 구성된 디지털 대상이다. 바로 그 디지털 대상이 사이퍼의 뇌를 자극하여 맛있는 경험을 야기하는 것이다. 사이퍼는 이런 이유로 스테이크가 진짜가 아니라고 생각하지만, 차머스에 따르면 상황은 정반대다. 매트릭스 안에서 스테이크의 맛을 야기하는 것이 디지털 대상이라면, 사이퍼가 씹고 있는 스테이크가 곧 디지털 대상인 셈이다. 물리적 현실의 물이 액체 상태의 H_2O 분자들이듯이 말이다. 그 디지털 대상이 헛것이 아니라 진짜라면, 스테이크 또한 진짜다. 사이퍼가 느끼는 맛 또한 진짜다. 그 맛은 진짜 대상이 매트릭스 안에서 발휘하는 진짜 힘의 결과다. 실재하는 데이터 구조로 만들어졌을 뿐만 아니라 가상신체에 실제로 영향을 미치는 스테이크를 진짜가 아니라고 할 이유는 없다. 하지만 사이퍼는 매트릭스가 헛것이라는 생각을 끝내 버리지 못한 채 헛것은 헛되다는 결론을 피하기 위해, 그리고 의미와 가치를 누리기 위해 자기기만적인 요구를 한다. 스미스 요원에게 매트릭스가 헛것임을 자신이 알지 못하게 해 달라고 부탁하는 것이다. 그러나 차머스의 주장이 옳다면, 매트릭스는 헛것보다는 또 하나의 진짜, 또다른 실재다.

실제로 차머스는 필요와 취향에 맞게 새로운 행성들을 만들어 내는 테라폼 현실(terraform reality, TR)를 말하면서, 현재의 기술적 장벽들이 해소된 미래의 VR, 즉 풍부한 VR(rich VR)에서의 삶은 얼추 TR에서의 삶만큼 의미를 가질 수 있을 것이라고 주장한다. 그리고 TR에서의 삶은 얼추 지구에서의 삶만큼 의미를 가질 수 있을 것으로 생각되므로, 결국 풍부한 VR에서의 삶은 얼추 지구에서의 삶만큼 의미를 가질 수 있을 것이다. 그렇다면 물리적 현실에서 벗어나 풍부한 VR에서 살아가고자 하는 선택을 반드시 도피주의(escapism)로 해석할 필요는 없다. 그런 선택은 꿈의 나라로 도피하는 것보다는 오히려 지구를 떠나 낯선 행성에 정착하는 것, 또는 먼 이국으로 이민을 가는 것과 유사할 것이다. VR이 헛것이 아니라면, 그리고 충분히 풍부해진다면, 그것은 그 자체로 현실의 '확장'이 되지 않을까? 가상(假想)이 허상(虛想)이 아니라 실상(實相)의 확장이라면, 그 '확장된 실재(extended reality)' 속에서 새로운 의미나 대안적 가치를 찾을 수도 있지 않을까?

5장

AI, 한국언어문화 이해하기

- HK연구교수 정유남 -

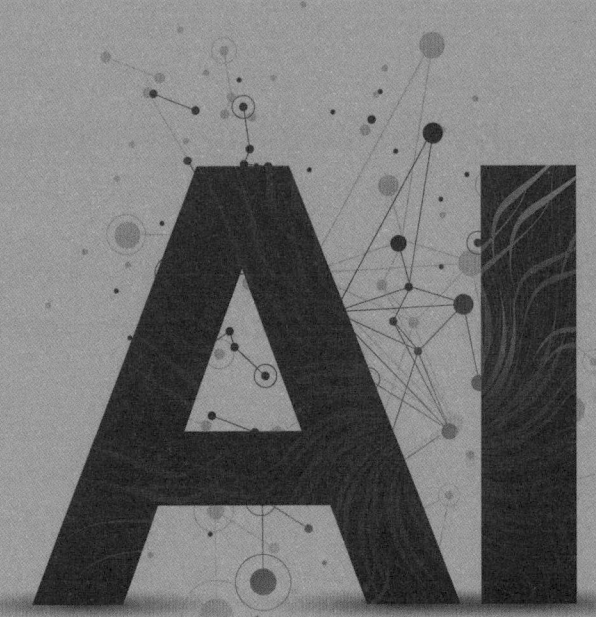

딥러닝이 남북한 단어의 의미 차이를 안다?*

    언어는 시공간에 따라 끊임없이 변화한다. 19세기 구조주의 언어학자 소쉬르(F.de Saussure)는 공시태(synchony)와 통시태(diacrony)를 구분하였다. 당시 언어 연구란 언어 자체에 초점을 두고 언어 현상에서 규칙을 발견하고 언어의 구조와 체계를 규명하는 것이었다. 바야흐로 우리는 4차 산업 혁명의 인공지능 시대를 맞이하였고 빠르게 변화하는 시대적 요구에 맞게 인간과 기계가 소통할 수 있는 언어 연구가 필요하게 되었다. 머지않아 일상에서 인공지능과 소통이 자유롭게 될 만큼 자연언어처리 기술은 신속하게 발전하고 있다. 아이러니하게도 인공지능과 소통하게 될 한국어는 여전히 남과 북으로 나뉘어 70여 년 분단을 지속한 채로

---

* 본 칼럼은 정유남·왕규현·송상헌(2021), '딥러닝을 활용한 의미 변이어 탐침 방법론(한국어 의미학, 74, 113-139)'의 일부 내용을 수정한 것임.

그림 19

남북이 각기 다르게 변화하고 있으니 안타까운 일이 아닐 수 없다.

우리는 북한의 언어사회를 북한 관련 영화나 드라마에서 나오는 배우들의 대사를 통해서나 북한이탈주민이 방송에 나와 하는 이야기를 통해서 일부 짐작할 수 있다. 이 역시 우리나라 방송 사정에 적절하도록 가공된 말이므로 자연스러운 북한말이라 하기에 다소 의문이다. 따라서 북한의 언어사회를 알고 싶어도 제대로 알기란 쉬운 일이 아니다.

이러한 제한된 환경에서나마 우리가 이미 알고 있는 북한말은 어떠한 것들이 있을까? '동무'라는 말은 원래 남북한 분단 이전에는 '어깨동무'와 같이 친근한 사이를 지칭할 때 쓰던 어휘이다. 북한에서 '혁명적 대오를 같이하는 무리'로 '동무'가 사용되면서 자연스레 남한에서는 고유어 '동무' 대신 한자어 '친구(親舊)'라는 말이 이를 대신하게 되었다. '동무'라는 단어가 이념화된 것이다. 남북한 언어가 얼마만큼 어떻게 이질화되었는지를 딥러닝 알고리즘을 통해 그 양상을 객관적이고도 신속하게 추출해 볼 수 있다.

이처럼 인공지능은 자연언어처리에 다각도로 활용되기에 용이하다. 우리가 사용하는 문어, 구어, 웹언어는 모두 대규모의 말뭉치가 된다. 딥러닝을 활용하여 대규모 말뭉치를 분석하면 인간이 미처 발견하지 못한 언어사회의 양상을 찾아볼 수 있다. 인간의 언어를 기계가 처리하는 방법으로 딥러닝 단어임베딩의 하나인 워드투벡(Word2Vec)이 있다. 워드투벡 모델은 단어를 기계가 이해하기 쉬운 벡터로 변환하는 방식으로 작동한다. 실제로 워드투벡 알고리즘이 산출한 코사인 유사도를 통해 다른 단어의 벡터값과 비교할 수 있고 특정 단어의 벡터와 가장 비슷한 벡터로 표현되는 단어를 찾아낼 수 있다.

필자는 북한 빅데이터 연구에서 조선일보와 노동신문에서 벡터로 표상된 단어들의 유사도를 기준으로 형태가 같은 단어가 서로 다른 문맥에서 쓰여 다른 의미로 해석되는 의미 변이어를 추출해 보았다. 흥미롭게도 '한없이', '곧바로', '오르내리다', '유감'과 같은 단어들에서 의미 변이가 일어나고 있음을 발견할 수 있었다.

분석단어	조선일보		노동신문	
한없이	어휘	유사도	어휘	유사도
	마음	0.3577	도량	0.5257
	정말	0.3445	고결	0.5186
	바라보다	0.3437	덕망	0.5182
	너무	0.3308	자애로운	0.5145
	분노	0.3276	고매	0.5139
	삶	0.3271	따사	0.5037
	자존	0.3218	인품	0.5029
	참	0.3188	포용력	0.4912
	책임감	0.3193	숭고	0.4855
	고개	0.3168	사랑	0.4826

Word2Vec에서 추출한 '한없이'의 유사도 비교

인간이 미저 발견하지 못했던 나양한 어휘들에서조차 남북한 어휘의 의미 변이가 진행되고 있다.

  조선일보에서 '한없이'는 '마음', '분노', '책임감'과 자주 나타나며 긍정적인 서술과 부정적인 서술이 모두 가능했다. 노동신문에서의 '한없이'는 '도량', '고결', '인품', '사랑'과 같은 단어들과 실현되면서 '북한 최고지도자 김정은'을 수식하는 긍정적인 서술에만 고정되어 사용되고 있다. '경애하는', '위대한'과 같은 부사어도 이와 마찬가지로 '백두혈통'을 수식하는 데에만 고정화되어 나타났다. 이는 '한없이', '경애하는', '위대한' 등과 같은 어휘가 남북에서 서로 다른 문맥에서 쓰이며 의미 변이를 보인다는 근거가 된다.

  단어 '유감'의 경우, 남한에서는 '표명', '사과', '송구'와 같이 '사

북한의 과거 유감 표명 사례

청와대 무장공비 (1968.1.21)	판문점 도끼 만행 사건 (1976.8.18)	동해안 북한잠수함 침투 사건 (1996.9.18)	제2차 연평해전 (2002.6.29)	연평도 포격 도발 (2010.11.23)
1972년 5월4일 김일성 주석(방북한 이후락 중앙정보부장에게 구두메시지)	1976년 8월21일 북한 인민군 총사령관 (대독)	1999년 12월29일 북한 외교부 대변인 (성명)	2002년 7월25일 김령성 남북장관급회담 북측 단장(전화통지문)	2010년 11월27일 (조선중앙통신)
"대단히 미안한 사건, 내부 과위행동분자 소행이지 결코 내 의사가 아니었다"	"판문점 공동경비구역에서 이번에 사건이 일어나서 유감입니다. 앞으로 그런 사건이 일어나지 않도록 양쪽이 다 같이 노력해야"	"깊은 유감 표시, 그러한 사건이 다시 일어나지 않도록 노력"	"우발적으로 발생한 무력 충돌 사건에 유감스럽게 생각한다"	"연평도 포격에서 민간인 사상자가 발생한 것이 사실이라면 지극히 유감스런 일이 아닐 수 없다"

(https://www.hani.co.kr/arti/politics/politics_general/705917.html)

과하다'의 의미를 지니는 데에 비해 북한에서는 '변명', '뻔뻔', '처사'와 같이 단지 변명의 표현으로 해석된다. 남북한이 '유감'이라는 단어에 대한 의미 해석의 차이가 있으므로 오해를 불러일으킬 수 있다. 실제로 남북한 협상문에서 의미 변이가 일어난 어휘가 전략적으로 사용되기도 한다.

대규모 신문 자료를 딥러닝을 통해서 들여다보면 남북 어휘의 의미 변이가 우리가 흔히 알던 '동무'와 같은 '명사'에서뿐만 아니라 '부사', '서술어'까지 다양하게 일어나고 있다. 인공지능 딥러닝을 통해서 남북한 언어사회가 그동안 얼마나 달라졌으며 앞으로는 어떻게 변화해갈지 예측할 수 있다. 딥러닝은 물리적으로 갈 수 없는 북한의 언어사회를 들여다보고 파악하는 데에 효과적이다. 딥러닝을 활용하여 남북 분단의 시공간을 뛰어넘어 앞으로 한국어의 변화 양상을 빠르고 객관적으로 들여다볼 수 있을 것으로 기대한다.

데이터가 알려주는
우리 사회의 민낯

언어는 우리의 정서와 사고를 담아내는 그릇이다. 인간의 사고를 전달하는 수단은 '말'에서 '글'로, '글'에서 '웹'으로 발전되어 왔다. '웹(web)'은 전형적인 멀티미디어의 한 형태이다. '웹'의 진화와 함께 우리의 생각을 전달하는 방식과 형태도 많이 달라졌으며, 우리는 '웹'을 통하여 불특정 다수와 좀더 자유롭게 소통할 수 있게 되었다. 그러나 익명성이 보장되는 '웹'의 특성 때문에 현실 사회에서는 구현될 수 없는 비난이나 욕설, 혐오 표현들이 아무런 거리낌없이 자연스럽게 실현되는 것도 부정할 수 없는 사실이다. 물론 과거에도 누군가에 대한 욕설이나 특정 대상에 대한 비난이 없었던 것은 아니지만, 그러나 그러한 언행은 비교적 단편적이고

그림 20

은밀한 것이었다. 또한 폄하하려는 대상에 따라 표현 자체를 감히 입 밖으로 꺼내기조차 어려운 시절도 있었다고 한다.

그러나 오늘날 언어사회의 현실은 그렇지 않다. 익명성이 보장된 환경에서는 상대가 누구인지는 중요하지 않다. 오롯이 자신의 감정에만 몰입하여 자신의 생각을 쏟아내면 그뿐인 사회가 이미 되어 버렸다. 그런데 문제는 그러한 표현들은 개인의 의지와는 상관없이 하루가 다르게 빅데이터로 축적되고 있으며, 혐오 표현에 대한 파급력이 갖는 위력은 우리의 상상을 초월할 수도 있다는 사실이다.

화자는 어떤 의도를 가지고 발화를 수행하기 마련이다. 누구나 어떤 대상에 대해서 차별, 비난, 혐오의 감정을 느낄 수 있으며, 그러한 감정이 표현되는 순간, 발화의 효력은 작동하게 된다. 그렇기 때문에 너무 심각한 경우 법적 규제가 가해지기도 한다. 하루에도 수십 번씩 드나들며 웹 상에서 주고받는 언어 표현은 특별한 제재가 없으므로 그 인간세상의 민낯을 적나라하게 드러내는 경우가 허다하다. 특히, '댓글', '채팅'을 통하여 그 정도가 아주 심한 표현들을 마치 경쟁이라도 하듯 생성해 내기도 한다.

최근 필자는 비윤리적 텍스트를 검증하는 연구팀에서 그와 관련된 빅데이터 자료를 검토한 바 있다. 정말이지 다양하고도 심각한 혐오 표현들이 웹 상에서 오르내리고 있었다. 문장들을 유형화하고 라벨링한 것을 보는 것만으로도 우리 사회의 비뚤어진 언어 현실을 실감할 수 있었다. 아이러니하게도 필자는 빅데이터를 통하여 우리 사회가 몇몇 특정 대상을 상대로 긍정적 가치보다는 부정적 가치를 부여하기 위해 다양한 방식으로 언어 표현을 생성해 내고 있음을 알 수 있었다. 우리 사회는 특정 개인이나 집단, 특정 대상이나 문화에 대해 감정적 혹은 이성적 절제 없는 다양한 표현들을 생성해 내고 긍정적 의미보다는 부정적 의미를 부여하는 데에 너무나 익숙해져 있다.

- {한남들은} 돈 많으면 예쁜 여자를 만나잖아.
- 그냥 늙은 {한녀일} 뿐인데 왜 저렇게 설쳐대는지 몰라.
- 저런 {빠순이들은} 몇 대 맞아야 정신 차릴려나?
- 어휴… 우리 개그맨 {빠돌이들} 어떡해.

위의 예문에서 보듯 '한남(韓男)'에 대해 '한녀(韓女)'라는 대응어가 나타나고, '빠순이'에 대하여 대응어 '빠돌이'가 나타난다. '한남'은 '한국 남자'의 줄임말로 한국 남자를 비하하여 이르는 말이다. 또한 '빠순이'는 아이돌이나 특정 대상에 심하게 빠져 타인에게 불쾌감이나 피해를 주는 사람을 비하하여 부르는 말이다. 남녀에 붙이는 언어 형식(양, 군, Miss, Mr. 등)은 범언어적으로 존재한다. 다만 이러한 성별에 대한 비하의 의미가 부여되고 그에 대한 대응 표현이 생성되면서 점차 성별에 대한 부정적 차별화가 가속화되고 있는 것이 우리 사회의 현실이다. 비난이나 차별의 대상은 성별, 나이, 종교, 직업, 이주민, 장애인, 성적 소수자 등 아주 다양하게 존재한다. 오늘날 우리 사회의 단면을 오롯이 드러내는 어휘나 표현들이 속출하고 있으며 익명성이 보장되는 웹은 이를 공유하며 소통할 수 있는 최적화된 환경을 제공한다. 결국에는 이렇게 축적된 비윤리적 빅데이터가 '이루다' 사태를 가져오게 된 것이다.

인간들이 매일같이 사용하는 언어 표현의 자유를 규제하는 것은 쉬운 일이 아닐 것이다. 그럼에도 불구하고 비윤리적 문장을 인공지능이 학습하지 못하도록 걸러내는 일은 어쩌면 당위일지도 모른다. 빅데이터에 축적된 우리의 언어 현실 속에 나타나는 비난과 차별, 혐오의 대상들은 그로 인해 낙인이 찍혀 버리기 때문이다. 혐오 표현을 포함한 비윤리적 문장들은 어떤 대상에 대하여 그것이 무엇이든 우리의 생각을 고착화시키고 동시에 사회 공동체의 갈등과 분열을 조장할 수 있다. 앞으로 우리가 추구해야 하는 언어사회는 갈등과 분열보다는 자유로운 소통과 긍정적 가치를 최우선으로 하며 '행복한 언어'를 꿈꿀 수 있는 그런 공동체이었으면 하는 소담한 꿈을 가져본다.

AI와 이데올로기

"인공지능은 기술이 아니라 이데올로기다. (AI is an Ideology, Not a Technology)"

"AI는 인간의 존재를 인정하지 못하는 위험한 신념이다. (At its core, 'artificial intelligence' is a perilous belief that fails to recognize the agency of humans)"

WIRED*의 두 헤드라인은 중국이 AI 기술을 급속도로 발전시키기 위해 아무런 규제도 없이 데이터를 수집하고 있음을 꼬집는 동시에 AI가 인간의 존재, 즉 휴머니티에 위협이 될 수 있음을 암시

---

* h ttps://www.wired.com/story/opinion-ai-is-an-ideology-not-a-technology/ (2022.02.08.)

그림 21

하고 있다.

　AI는 이제 단순히 인간 생활의 도구가 아니다. 제대로 프로그램된 AI는 사물을 이해할 수 있을 뿐만 아니라 컴퓨터 속에서 구현되는 독립적인 무엇이다. 설(J. R. Searle)에 의하면 전자는 약인공지능(weak AI)이며, 후자는 강인공지능(strong AI)이다. 인간의 삶을 풍요롭게 하기 위하여 설계된 프로그램이 약인공지능이라면, 인간의 복잡한 인지과정을 이해하고 인간을 완벽하게 모방하는 것이 강인공지능이다. AI는 머지않은 미래에 인간과 같은 수준까지 진화하게 될 것이며, 결국 우리가 우려한 것처럼 위험한 신념이 될 수도 있다. 신념은 삶의 방식이라는 점에서 마르크스(K.H.Marx)나 카이사르(J.Caesar)가 말하는 사회주의나 자본주의가 아니다 할지라도 개인이 접촉하는 세계의 어떤 대상에 대한 감정·지각·인식·평가·동기·행동 경향 등을 종합적이고 지속적으로 추구한다는 점에서 AI는 이데올로기(ideology)와 닮아 있다.

그렇다면 이데올로기란 무엇인가? 사전적 의미는 "사회 집단에 있어서 사상, 행동, 생활 방법을 근본적으로 제약하고 있는 관념이나 신조의 체계. 역사적·사회적 입장을 반영한 사상과 의식의 체계이다"이다. 테리 이글턴(Terry Eagleton)은 "'이데올로기'를 '단 하나의 적합한 개념'으로 정의를 내릴 수 없다"고 고백한다. 톰슨(Thompson)은 '의미가 지배의 관계를 지속시키는 데에 기여하는 방식'이라고 정의한다. 또한 마르크스주의 철학 이론에서는 이데올로기를 '지배 계급의 허위의식'으로 간주하기도 한다. 올리비에 르블(Olivie Reboul)은 이데올로기는 특정 집단의 사상이므로 편파적이며, 타집단에 대해서는 논쟁적인 '당파적 생각'을 가지며, 개인적 의견이나 신념과 구별하기 어려운 익명적 사고이자 주체 없는 담화임에도 불구하고 집단 구성원의 믿음이 되는 '집단적 생각'이며, 그 자체가 비합리적이므로 스스로 본질을 감추려는 속성이 있는 '은폐적 생각'이며, 그 자체가 갖는 본질적인 불합리성을 합리성으로 포장하려는 '합리적 생각'이며, 타집단에 대해 권력을 행사하고 그것을 정당화함으로써 권력에 봉사하는 기능을 갖게 하는 '권력에 봉사하는 생각'이라고 말한다.

이러한 이데올로기는 근본적으로 의사소통의 수단이자 사유의 표현 수단인 '언어'에 의해서 표현된다. 따라서 언어와 이데올로기는 떼려야 뗄 수 없는 불가분의 관계에 놓여 있다. '언어 이데올로기'는 럼지(Rumsey)가 말하고 있는 것처럼 "언어의 본질에 대한 상식으로 공유되는 관념"이거나, 실버스테인(Silverstein)의 말처럼 "언어 사용자들이 그 언어의 구조와 사용에 대한 인식을 합리화 또는 정당화하는, 언어에 관한 신념의 집합들"이다. 히스(Heath)는 사회적 측면을 강조하기 위해 '언어 이데올로기'는 "하나의 집단이 그 집단을 표현하는 데 기여하는 구성원들의 사회적 경험에서 언어의 역할에 관해 가지고 있는 자명한 생각이나 목표"라고 정의하고 있고, 얼바인(Irvine)은 "도덕적이고 정치적인 이해관계와 결부된, 사회와 언어 관계에 대한 생각의 문화적 체계"라고 정의한다.

AI가 지능을 갖게 되는 것은 학습의 결과이며, 그 학습은 언어에 의해서 이루어진다. 따라서 AI는 언어를 통하여 인류의 역사 속에서 형성되어 온 이데올로기를 학습하거나, 궁극적으로는 언어 학습과정에서 스스로 이데올로기를 형성할 수도 있을 것이다.

그렇다면 'AI 이데올로기'는 무엇이며, 어떻게 구분될 수 있을까? 첫째는 AI 자체가 이데올로기인 경우이다. 이는 'AI의 본질이 무엇이며, AI 주체성과 자율성이 존재하는가, AI가 인간과 같은 감정을 지니며 판단할 수 있는가'와 관련이 있다. 만약 이러한 전제가 사실이 될 수 있다면, '주체적 AI'는 미래 인간의 삶에 막대한 영향력을 미치게 될 수 있으며, 어쩌면 인간을 뛰어넘는 거대한 존재로 미래 사회를 지배하게 될 수도 있다. 이는 'AI가 인간의 삶에 나타나는 복잡하고 어려운 문제를 해결해 주며, 미래 사회에 도움을 줄 수 있는 가치 지향적인 존재인가'라는 질문과도 맞물린다. '주체적 AI'는 미래 사회에서 인간과 동등한 존재론적 가치를 부여받을 수 있으며, 인간이 가진 동등한 권위, 혹은 그 이상의 지위를 갖게 될 수도 있을 것이다.

둘째는 AI가 '언어 이데올로기'를 학습한 경우이다. 이러한 경우 '인간 학습 AI'는 학습데이터 범위 내에서 AI가 작동하므로, 인간의 사회문화적 맥락에서 크게 벗어나지 않는다. 다만, '인간 학습 AI'는 입력(input)되는 학습데이터의 유형과 크기에 따라 출력(output)되는 결과도 크게 달라질 수 있다.

미래 사회에서 AI는 사회의 여론 형성에도 영향을 미칠 수 있으며, 필요에 따라서 가짜 뉴스를 생성해 내거나, 접촉 환경에 따라서 비윤리적 담화를 생성해 낼 수도 있다. 앞으로 AI는 의료, 교육, 소비, 문화콘텐츠 등 다양한 분야에 접목될 것이다. 따라서 AI 기술에 대한 접근 가능성과 적응 능력은 또 다른 사회적 불평등을 초래할 수 있다. 미래의 사회에서 AI 이데올로기는 새로운 권력으로 작동하게 될 것이고, 그 영역을 지역, 성별, 계층, 직업, 장애 여부뿐만 아니라, AI 사용자의 경험에서 비롯한 다양한 사회적 현상 속에서 또 다른 이데올로기를 형성하며 은밀하게 그 세력을 확장시켜 나갈 것이다.

우리는 AI를 통하여 형성될 이데올로기를 인식하고 대비하여야 한다. 인간의 생각을 뛰어넘는 속도로 AI가 발달하게 된다면, AI는 '인간 학습 AI'에서 '주체적 AI'로 진화를 거듭하게 될 것이며, 그렇게 되면 결국 인간은 AI의 지배 아래에 놓일 수밖에 없다. 우리는 이제 AI가 가져다주는 인간적 삶의 혜택보다는 인간다움에 대한 진지한 성찰과 AI와 함께 공존하며 살아가게 될 미래 사회에 대해서 고민할 때이다. '나'라는 존재가 수많은 AI에 투영되어 여러 개의 페르소나를 가질 수 있는 시대를 살아가게 된다면 과연 진정한 '나'는 누구인가. AI와 공존하며 살아갈 미래 사회에서는 어떠한 이데올로기들이 새롭게 생성되고, 그것들이 인간 사회를 어떻게 지배할지는 지금으로서는 상상하기조차도 어렵다. 그렇다고 하더라도 우리는 AI와 공존하면서도 인간다움을 가지고 풍요로운 미래 사회를 차근차근 준비해 나가야 할 것이다.

AI, 표준어 말고
방언으로도 말해줘

"야야~ 퍼뜩 안 갈켜주고 뭐하노!" (경상도)
"아따~ 시장이 뽁작뽁작 부푼디 얼렁 집이 가세" (전라도)
"여기 어떤 게 맛 좋아 마심?" (제주도)

방언에서 느껴지는 구수한 말투나 정겨움이야말로 우리말의 고유한 맛을 잘 나타내 준다. 우리가 사용하는 말은 역사와 전통을 이어오며 살아 숨 쉬는 자연어이다. 이러한 자연어로서의 방언은 한 지방이나 언어사회 공동체에서 쓰이며 저마다의 언어 체계를 지닌다. 표준어도 서울 방언을 토대로 하여 이루어진 것이므로 일종의 방언이다. 다만, 표준어라는 인공어의 개념을 부여하여 대표

그림 22

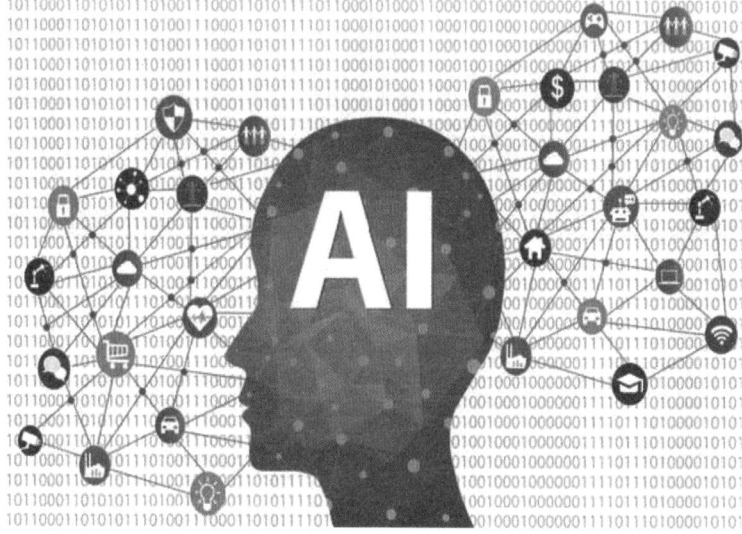

성의 위상을 주었을 뿐 현실에 실재하는 언어들은 각각이 개별 방언이라 할 수 있다.

최근 AI 기술은 인간의 감정을 읽어내면서 인간처럼 의사소통하는 단계로까지 발전해 왔다. AI 스피커, AI 챗봇, AI 통번역기, AI 비서, AI 면접 등에서 보듯이, 인간과 소통하는 AI는 점차 그 비중이 높아지고 있다. 이러한 AI 언어가 표준어만을 이해한다면 방언 화자들은 AI와 소통 자체가 불가하게 된다.

AI를 위한 데이터 구축은 표준어 중심으로 이루어져 왔다. 이러한 이유는 데이터 수집, 정제, 가공과 같은 절차와도 관련이 있겠지만 더 근본적으로는 AI 기술 발전의 목표와도 연관이 깊다고 본다. AI는 인간의 삶을 이롭게 하기 위해서 발전되어야 하는데 빠른 기술 속도를 맞추려다 보니 제한된 표준어 중심으로만 데이터를 구축하고 이에 맞춰 AI 모델 개발이 이루어지고 있는 실정이다. 한국어 데이터는 표준어만 있는 것이 아니라 다양한 권역별 방언이 살아 숨쉬고 있다. 진정한 한국어 데이터는 방언 속에 오롯이 녹아 있다. 따라서 자연어로서의 방언은 AI 학습데이터로 구축되어야 한다. 그도 그럴 것이 방언이야말로 우리 인간 생활에서 실재하고 있는 살아있는 생생한 자연어이자 지역사회의 사회문화적 양상을 반영하고 있는 고유성을 지니고 있기 때문이다.

다행스럽게도 최근 AI 학습데이터 구축에서 방언에 대한 수요와 관심이 높아지고 있다. 지난 2021년에 '과학기술정보통신부'와 '한국지능정보화진흥원'은 'AI 허브(aihub.or.kr)'를 통해 디지털 뉴딜 '데이터 댐' 구축 프로젝트의 일환으로 한국어 방언 발화 데이터를 공개한 바 있다. 네이버도 초대규모 AI '하이퍼클로바'를 선보여 사투리까지 척척 알아듣는 AI를 개발해 냈다. KT는 방언 데이터를 학습시켜 'AI 시니어 돌봄서비스'를 마련해 내기도 했다.

AI 기술은 모든 인간이 더욱 인간답게 살기 위해 발전되어야 한다. 인간이 편리성과 효율성을 위해서 AI 모델이 개발되어야 한다. 표준어를 중심으로 AI 학습 데이터가 구축되면 한국어를 발화하는 일부 노장년층, 소외계층, 도서 산간 지역 화자들은 AI 기술로부터도 차별과 소외를 당하게 될 것이다.

   AI는 4차 산업혁명을 주창하며 5G 최첨단 기술로 연결되는 제한된 사람들을 위한 특권이 아니다. 모든 사람들이 일상생활에서 AI를 편리하게 사용할 수 있고 인간사회의 소통만큼이나 활발하게 AI를 활용할 수 있어야 한다. AI 기업 '솔트룩스'에서는 사투리로 말하는 AI를 개발(JARU)하여 1인 가구 홀몸어르신의 정서적 단절과 고독 문제 해결을 위하여 노력 중이다. AI 돌봄인형은 통영시의 20.18%를 차지하는 초고령 지역사회에 노인 고독 해결을 위해 활용될 수 있다는 기사를 발견한 적이 있는데,* 참으로 반가운 소식이 아닐 수 없다. 새로운 제품과 기술은 더 이상 '얼리 어답터**'의 몫이 아니다.

   그뿐만이 아니다. 이제 AI는 다양한 지역의 사람들을 위해 두루 활용되어야 한다. 도서 산간 지역에 거주하는 사람들은 의료 및 교육 혜택이 도시에 비해 낙후되어 있다. 몸이 아파도 의료 시설이 멀어 치료를 받지 못하는 경우는 AI를 통해 재택 치료를 할 수 있도록 적극적으로 AI 의료 데이터를 구축해야 한다. 또한 학생들이 교육을 받고 싶어도 적절한 교육을 받지 못할 때, AI가 학습을 도

---

  * https://www.donga.com/news/article/all/20210628/107671461/1 (검색일: 2022.3.26.)

 ** '얼리 어답터'는 새로운 제품에 대한 정보를 다른 사람보다 먼저 알고 신제품을 구매하여 사용한 뒤, 이에 대한 평가를 주변 사람에게 알려 주는 소비자군을 이르는 말(우리말샘).

와주고 새로운 형태의 교수학습 도구가 되어야 할 것이다. 이렇듯 AI를 통한 인간과의 소통은 모두 언어를 기반으로 이루어질 수밖에 없다. 표준어 중심의 AI는 지역사회의 고령 계층과 소통이 어렵게 될 것이다. 도서 산간 지역 학생들도 그들의 방언으로는 AI와 소통이 불가능하여 실질적으로 교수학습에 도움을 받지 못할 수도 있다. 따라서 적절하게 구현된 방언으로도 교수학습이 이루어지도록 해야 한다. AI가 요구되는 다양한 지역의 사람들에게 또 다른 차별과 소외가 발생하지 않도록 AI가 개발되어야 할 것이다.

AI 학습데이터는 더욱이 다양한 방언 데이터 형태로 구축되어야 한다. 목적에 맞는 데이터를 구축해야 하는데 나이, 성별, 지역, 계층, 교육 수준 여부와 같은 사회언어학적 요소들까지를 모두 고려해야 한다. 다문화 인구가 많은 지역사회를 위해서는 한국어뿐만 아니라 그 지역사회에 공존하고 있는 다문화적 요소가 함께 고려되어야 할 것이다.

그동안 AI 학습데이터는 신속하고 정확하게 AI 기술 개발을 도모하기 위하여 많은 노력을 들여왔다. 대규모의 표준어 데이터의 성과를 바탕으로 하여 인간 사회에 실재하는 자연어로서의 방언 데이터를 질적, 양적으로 확보해야 할 것이다. 다양성을 존중하여 AI가 지역사회에 맞춤형으로 활용될 수 있도록 좀 더 관심을 기울여야 할 때다. 이로써 AI는 일부 계층의 특권이 아닌 모든 사람들이 두루 누릴 수 있는 소통 창구이자 다양한 인간 사회의 거울로써 톡톡히 자리를 잡게 될 것이다.

AI, 한국어 사회문화적 맥락 이해하기

의사소통 상황에서 화자는 의도를 지니고 전달하고자 하는 화자의 메시지를 상대방에게 전달한다. 의사소통에서 나타나는 언어 메시지에는 맥락도가 높은 고맥락 언어와 저맥락 언어가 존재한다. 고맥락 언어(high context language)는 한국어와 일본어가 대표적인데 언어의 표면적 의미로 해석되기보다는 상대방이나 관계, 주변 상황적 문맥에서부터 그 메시지의 속뜻이 드러나게 된다. 저맥락 언어(low context language)로는 영어와 독일어가 대표적으로 직설적이고 표면적 의미로 해석되는 언어이다.

(1) ㄱ. 다들 고생 많았어요. 다음에 같이 밥 한번 먹어요.

그림 23

　　ㄴ. 다음에 더 잘할 테니 이번 한번만 봐 주세요. 제발요.
　　ㄴ. 오래전부터 너에 대해 친구 이상의 감정을 느껴왔었어.

　예문 (1)은 우리 일상생활에서 흔히 볼 수 있는 메시지이다. 아마 저맥락 언어의 화자들이 이러한 예문을 본다면 메시지의 의도를 이해하지 못할 가능성이 높다. 실제로 외국어로 한국어를 배우는 학습자들도 (1ㄱ)과 같이 '다음에 밥 한번 먹자'라는 메시지를 곧이곧대로 받아들였다면 이내 밥을 같이 먹을 약속 시간과 장소를 물어보게 될 것이다. 예문 (1ㄴ)은 실수가 과오에 대해 용서를 해달라는 메시지이지만 저맥락 언어 사용자들은 '무엇을 봐 달라'는 것인가 의문을 품을 수 있다. 예문 (1ㄷ)은 직접적으로 고백을 하기가 부끄러워 애매하게 돌려서 말하는 메시지인데 저맥락 언어 사용자는 '친구 이상의 감정'이라는 것이 정확하게 무엇을 말하는 것이냐고 되짚어 물을 수 있게 된다. 이렇듯 상황에 의존적인 고맥락 언어의 특성을 제대로 이해하고 상대방과 원활하게 의사소통을 하려면 그 언어를 둘러싼 사회문화적인 맥락을 잘 이해해야 한다. 한국어의 고맥락성은 단순하게 언어 숙달도 및 유창성이 좋다고 해서 한순간에 얻어지는 것은 아닐 것이다. 한국의 언어문화에 대한 이해를 바탕으로 하여, 다양한 한국 사람들과의 문화적 접촉과 다양한 경험이 쌓이면서 자연스럽게 학습되게 된다.

그렇다면 과연 한국어의 고맥락성을 AI가 제대로 이해해서 의사소통할 수 있을 것인가? 특히나 한국 언어문화에서는 부탁이나 요청, 거절이나 금지 화행이 간접적으로 나타나는 특성이 있어 AI가 한국어의 특성을 잘 이해하기 위해서는 언어 표현 자체의 의미 해석뿐만 아니라 그 숨은 의도를 파악하려는 함축적 의미 추론 능력이 있어야 한다.

AI의 자연어 이해(Natural Language Understanding, NLU) 분야에서는 인간의 언어뿐만 아니라 사용자의 실제로 의도하는 바를 추론하는 단계로 나아가고 있다. NLU는 AI가 신속 정확하게 사용자의 의도를 이해하고 사용자의 의사결정에 유용한 정보를 추출하는 능력을 발휘하는 핵심 기술로 발전하고 있다. 그렇다면 NLU 기술에서 한국 사용자의 고맥락성을 잘 이해할 수 있도록 데이터를 구축하고 모델을 개발하는 것이 핵심적인 도전 과제라 할 수 있다. AI 모델은 앞뒤 맥락과 상황, 도메인 지식을 모두 망라하여 사용자의 의도를 잘 파악해 내도록 개발되어야 한다.

(2) 대화 상황: 출근길에서 추돌 사고가 일어난 상황

대화 참여자: A 50대 후반 남성, B 30대 초반 남성

A: (큰 소리로) 이봐! 운전 똑바로 좀 해!

B: 아저씨, 너무 급하게 선 거 아닙니까? 〈하십시오체〉

A: 이 사람, 지금 뭐라고 하는 거야? 안전거리를 확보했으면 이런 일 없잖아.

B: 그건 내가 잘못했다 치고, 당신이 뭔데 자꾸 반말해요? 〈해요체〉

A: 뭐라고? 너는 집에 부모도 없어?

B: 당신이 내 부모야? 〈해체〉

위의 예문 (2)에서는 동일한 주제에 대해서도 문장을 끝맺는 어미가 '하십시오체', '해요체', '해체'까지 다양하게 나타난다.* 상대를 지칭하는 말도 '이 사람', '아저씨', '당신', '너'로 실현되고 있다. 한국어 모어 화자들은 위의 대화를 보면, 자동차 추돌 사고로

---

* 고영근·구본관(2018), 〈우리말 문법론〉 476쪽 예문을 참조하였음.

기분이 언짢아 서로 옥신각신하고 있는 상황임을 금세 추론해 낼 수 있다. 인간은 상대가 나오는 것에 따라 말을 높였다가 낮추기도 하는 것에 익숙한데 과연 AI는 이러한 상황을 어떻게 이해해서 의사소통할 수 있을 것인가.

영어에서는 상대가 누구이든 간에 상관없이 'You'로 상대방을 지칭하는 반면, 한국어에서 2인칭 대명사는 주로 구어 상황에서는 생략되는 경우가 빈번하고 '너', '당신'으로 실현되면 오히려 무례하다고 인식된다. 위의 대화에서처럼 '당신이 뭔데'처럼 실현되면 부정적인 맥락에서만 나타난다. 이러한 맥락이 주어지지 않는다면 AI는 '당신'에 대해 문어체에서 상대편을 높여 이르는 2인칭 대명사로 인식하고 '당신이 무엇인데'로 표현할 수도 있다. 그뿐만 아니라 한국어는 화계(speech level)에 따라 문장에서 주체, 상대, 객체 등을 고려하여 높임의 양상이 달라진다. 한국어는 화자를 낮추는 겸손법, 직접 존경과 간접 존경, 어휘적 높임 등이 다양하게 있어서 높임 표현에 대한 맥락을 잘 이해해야만 한다.

한국어의 고맥락성을 AI에게 제대로 학습시키기 위해서는 의사소통이 이루어지는 맥락을 반드시 고려해야 한다. 물론 데이터의 규모가 크면 유리하겠지만 데이터 구축에서 단순하게 문장 실현 패턴, 연어 관계, 빈도만으로는 정확한 학습이 이루어지지 않을 가능성이 높다. 그러므로 데이터를 구축할 때 한국어 문법적 지식 및 사회문화적 배경지식이 고려되어 학습데이터를 구축해야 한다. 언어 표현이 가리키는 내용을 직설적으로 이해하기 어려운 고맥락적 언어일수록 여러 변인을 고려하여 데이터 구축을 시도해야 할 것이다. 물론 다양한 변인을 고려한 데이터 구축이 쉬운 일은 아니겠지만 맥락을 고려한 데이터를 구축하기 위한 체계를 마련하고 데이터 구축의 지침 및 라벨링을 고려해야 한다. 한국어다운 데이터를 구축하기 위해서는 한국어 연구자들의 한국어 지식과 한국어 데이터 구축을 위한 노력이 함께 반영되어야 할 것이다. 머지않아 AI를 활용하여 한국어다운 문장을 발화하고 한국어의 고맥락적 표현을 자유자재로 이해할 수 있는 AI와 소통할 수 있길 바란다. 나아가 한국어 맥락을 이해하는 AI가 다양한 분야에 활용하게 될 수 있기를 기대해 본다.

에필로그

 글의 시작에서도 밝혔듯, 이 책은 인공지능인문학을 연구하는 사람들의 생각을 담아 엮은 산문집이다. 연구자의 생각은 우리의 생활 세계보다 깊이가 있다는 말에 동의를 표하는 데에 크게 거부감이 들지 않는다. 연구자란 삶을 느끼는 데서 그치지 않고 그 느낌의 깊이와 원인을 찾는 사람들이라는 인식을 애써 거부할 이유는 없기 때문이다. 그러나 이 말이 항상 어떤 시간과 각도에서도 보편적으로 쉽게 수용 가능한 것은 아니다.

 그런데 연구자의 연구거리의 단초는 그의 삶의 지평이 펼쳐지고 있는 생활 세계가 제공한다. 오래된 이야기이지만, 원인은 결과의 존재를 함축한다는 믿음이 있다. 나무 십자가는 그것의 원인이 되는 십자가 장인의 의지로 그의 정신에 잉태되어 훗날 세상에 나왔다. 장인의 영혼에 맺힌 십자가의 구상은 커다란 박달나무의한 가지의 모서리들을 도려낸 자연물의 십자가보다 더 큰 존재이다. 영혼이 빚어낸, 아니 빚을 수 있는 십자가의 가능태들은 셈이 불가능하다. 청출어람(青出於藍)의 가능성을 찬탈하는 이러한 발상이 항상 옳은 것 일리 없지만, 이 글을 마주 한 사람들 중 누군가 한 명이라도 이를 그럴듯하다고 여긴다면 최소한의 관심을 기울 일만한 가치는 갖고 있는 셈이다. 우리의 삶은 삶을 측량하는 연구에, 삶의 언어는 삶을 추상하는 언어에 앞선다. 구체적인 것은 추상적인 것보다 더 실제적이기에 실존은 본질에 앞선다.

그러나 다른 한편으로 이 산문집은 우리가 그동안 수행한 인공지능인문학 연구에 빚을 지고 있다. 왜냐하면 이 산문집은 연구자 각자가 자신의 삶에서 경험한 바를 개별적으로 펼쳐놓은 것이 아니라, 인공지능인문학이라는 공통의 관심을 하나의 창으로 하여 각자의 삶의 지평을 다시 조망한 결과이기 때문이다. 구체적인 것은 추상적인 것에, 실존은 본질에 빚을 지고 있는 역전 현상이 이 책에서는 발생한다. 과정이야 어찌되었든 우리가 바라는 것의 마지막에는 우리의 글들이 우리와 관심을 공유하는 사람들에게 더 많이 더 쉽게 닿았으면 하는 희망이 놓여있다. 이런 마음에서 인공지능인문학이라는 우리의 공통 관심과 산문의 원론을 이 글의 마지막에 소개하고자 한다.

"아테네와 예루살렘이 무슨 관계가 있는가?" 교회사 최초의 교부 테르툴리아스는 이런 질문을 던지며, 이성과 신앙 나아가 철학과 종교의 불편한 동거는 말 그대로 편하지도 않고 나아가 불가능하다는 자신은 생각을 피력한다. 쉽게 알 수 있듯 아테네는 고대 그리스로부터 전개된 서양의 철학을, 예루살렘은 예수교의 전통을 상징한다. 아마 그는 기독교의 신 예수의 행적과 말을 자연적 이성의 언어로 읽어내는 것을 일종의 장르 착각이라 비판하고자 하였을 것이다. 조금 거칠게 표현하면, 그에게 있어 이성적 신앙, 철학적 기독교는 둥근 사각형과 같은 형용모순이었을 것이다.

2017년 우리가 '인공지능인문학'이라는 말을 세상에 내놓았을 때, 우리는 테르툴리아스적 반응을 겪었다. 잘 알려져 있듯, 학제 간 구분에 따르면 인공지능은 첨단 공학의 한 분야이고 인문학은 말 그대로 인간과 문자에 대한 학문으로 일견 이 두 영역의 화해는 많은 과정을 거쳐야 할 것처럼 보인다. 아무리 '융합'이라는 말이 성행하는 당시였다고 해도 '인공지능'과 '인문학'이라는 태생과 자라온 환경이 다른 두 맹수를 한 우리에 넣겠다는 시도에는 흥미와 동의보다는 회의가 앞섰다. 그런데 쉬 죽지도 않고 서로 친해지지도 않는 두 맹수를 한 우리에 모아 놓으면 그 싸움과 마찰은 적지 않은 에너지를 방출한다. 모순 속에 잠재해 있는 긴장의 에너지가 자기 구조화를 통해 자신 밖으로 표출되는 과정은 아래와 같다.

인문학은 거리두기와 반성을 특성으로 한다. 그렇기 때문에 세상에 존재하는 모든 것들은 인문학의 탐구 대상이 될 수 있다. 그리고 그 존재 양식에는 규제가 없기에 인문학의 탐구 대상에도 규제가 없다. 정신, 문화, 물질, 학문, 기술 등 모든 것은 인문학의 시선에 잡히기만 하면, 그것의 성찰의 대상이 될 수 있다. '인공지능'도 마찬가지이다. 그런데 '인공지능'이 의미하는 바는 단일하지도, 단순하지도 않다. 그렇기 때문에 인문학의 시선을 받으면 인공지능은 여러 가지 빛깔로 조명된다. 첫째, 인공지능은 지능의 한 종류로써 자신의 색깔을 낸다. 인공지능은 그 말 자체만을 놓고 보았을 때, 빨간 사과가 사과이듯, 지능의 일종이다. 지능의 본질, 그것을 모방한 것으로서의 인공지능, 그것의 한계와 속성 등에 대한 본질적 탐구는 인공지능인문학이 수행하는 과제의 한 부분을 형성한다. 아울러 인공지능은 방금 살펴본 그것의 말뜻과 간접적인 관련을 맺은 채로 '인간이 수행하기 어려운 지능이 필요한 일을 기계에게 시키는 일과 그것을 연구하는 학문 분야'라는 확장된 의미를 갖는다. 인공지능에 대한 우리의 일상적 이해는 이에 다름 아니다. 이렇듯 인공지능의 확장된 의미를 포섭한 인공지능인문학은 인공지능이라는 학문과 그것의 활동과 관련한 인문학이 된다. 인공지능 현상이 만들어내는 여러 가지 현상적 문제들, 이를테면 인공지능 윤리, 인공지능 음악, 인공지능 미술, 인공지능 거버넌스 정책 등이 인공지능인문학의 연구영역으로 흡수된다.

둘째, 인문학은 인공지능에게 도움의 손길을 요청하기도 한다. 인공지능 기술에는 주인이 없기에 그것에 올라타는 자가 그것을 조정한다. 방대한 자료에 대한 처리를 바탕으로 인문학적 연구를 진행하고자 할 때, 사람의 힘으로는 처리할 수 없는 방대한 인문학 자료를 정리하고 분류하여 인문학적 성과를 창출하려고 할 때, 기존의 인문학 자료를 토대로 예측적 연구를 수행하고자 할 때, 인문학은 인공지능 기술을 조련하여 사용한다.

마지막으로 방향 설정의 학문으로서 인문학은 좋은 인공지능 개발에 참여해야 할 의무를 느낀다. 이 의무를 수행하는 직접적인 방법 중의 하나는 좋은 데이터를 가공하여 인공지능에게 주는 것이다. 사회적 공통감에 기반 한 가치판단이 개입된 데이터, 인문학적 감성이 터치한 섬세한 데이터를 생산하는 것도 인공지능인문학이 수행하는 흥미로운 연구거리이다.

정리하자면 인공지능인문학은 인공지능에 대한 인문학(Humanities about AI), 인공지능을 위한 인문학(Humanities for AI), 인공지능을 활용한 인문학(Humanities with AI) 이렇게 세 가지 관점에서 접근할 수 있다고 할 수 있다.

이 세 관점은 구체적인 내용을 담은 연구의 영역을 산출하는데 우리는 이를 다섯 가지 영역으로 구분하였다.* 첫째, 인공지능인문학은 인공지능 기술과 그것이 빚어내는 현상에 대한 사실적 분석을 수행하고 이에 대한 인문학적 비평을 인공지능 기술비평학이라는 이름으로 수행한다. 이 영역에서 우리는 인공지능 기술에 대한 정치한 분석과 더불어 그 분석의 결과를 토대로 그것이 인간의 인지와 행위에 미치는 영향에 대한 연구를 수행한다. 예를 들어 인공지능시대의 인간의 본질에 따른 기술 발달의 특성과 인공지능기술 속 인간성의 변화 양상에 대한 거시적인 연구를 진행하는데, 이를 위해 인공지능 발달사에 대한 분석, 기계가 대체할 수 없는 인간 지능의 본질 규명, 산업 생산성의 프레임을 벗어난 문화적 차원에서의 인공지능기술의 가능성에 대한 분석과 같은 세부적인 과제를 수행한다.

둘째, 인공지능을 대상으로 하는 언어학, 매체학 중심의 인문학 연구를 인공지능 관계소통학으로 규정하고 인공지능의 등장과 발전에 따른 세계 내 존재자들의 관계 재설정과 소통의 변화양상을 연구한다. 인공지능 기술의 발전에 따른 소통 채널은 다양해졌다. 발화와 정보의 생산자와 소비자의 구분이 의미가 없어진 지금, 소통의 주체와 채널은 인간 대 인간에서 인간 대 인공지능으로, 심지어 인공지능 대 인공지능으로 진화하고 있다. 예를 들어 챗봇

---

* 이하의 내용은 2019년 『철학탐구』에 수록된 김형주, 이찬규의 글 「포스트휴머니즘의 저편」의 일부의 주요 내용을 공유한다.

의 등장은 컴퓨터 메신저를 더 이상 인간 간 소통을 위한 '메신저'로만 치부할 수 없게 만들었다. 만약 우리가 반려로봇이나 챗봇을 하나의 소통 주체로 인정한다면, 소통과 관계의 채널의 지형도는 급격하게 변하게 될 것이다. 우리는 그 때 발생하는 인간성의 상실과 변화 양상을 추적한다. 구체적으로 말하자면, 인간과 인공지능의 감성적 소통 연구로서 인공지능의 출력 감성과 인간의 교감 양상 연구를, 인공지능과 인간 소통 연구로서 딥러닝 방식을 통한 개별어 습득과 자동 통번역의 현황과 미래 연구를, 인공지능들 간의 소통 가능성에 대한 탐구도 이 영역에서 수행하는 대표적인 연구라 할 수 있다.

  인공지능인문학의 세 번째 연구영역은 인공지능 사회문화학이다. 인공지능 사회문화학은 인공지능의 출현에 따른 사회, 문화 현상을 분석하고 그것이 4차 산업혁명기로 분류되는 현재의 사회 문화에 미치는 영향 및 쟁점을 검토한다. 이를 위해 전쟁, 자본주의, 산업화와 같이 급변기의 세계사회에 대한 이론적 진단을 감행한 기존 사회학의 작업과 같이 인공지능 상품의 보편화와 상용화에 따른 사회, 문화영역의 쟁점을 들추어내고 이를 담론화하기 위한 공동 작업을 수행한다. 이를테면 섹스로봇의 등장과 상용화가 성적 주체로서의 개인의 내면과 행위방식에 초래할 수 있는 변화 양상을 기술비평학에서 추적한다면, 사회문화학에서는 이로 인한

남녀 관계, 가족 관계와 개념의 변화, 나아가 그 기술 자본을 소유하고 생산할 수 있는 집단과 그렇지 못할 집단 사이에서 벌어질 수 있는 변화와 문화적 갈등 요소 등을 분석한다. 나아가 이를 토대로 인공지능 시대의 사회, 문화 변동이 초래할 수 있는 부정적인 영향에 대한 인간의 대응, 존엄성 보존 방안 연구의 기초 자료를 축적한다. 이 연구는 네 번째 연구영역인 인공지능 윤리·규범학으로 이어진다.

  인공지능 윤리규범학은 위 연구영역학문들이 제시하는 연구 성과와 연동하여 궁극적으로 인공지능 시대에 적합한 실질적인 규범을 제시하는 것을 목적으로 한다. '포스트휴먼 시대, 인문학 가치 고양을 위한 인공지능인문학 구축'을 연구목표로 하는 우리는 인공지능을 윤택한 삶을 위한 수단적 존재로 간주한다는 입장에서 인공지능에 관한 윤리 이론 정립을 위한 연구를 수행한다. 우리는 인공지능 윤리는 결과적으로 인공지능 거버넌스와 관련한 실천적이고 구체적인 규범 제작과 관계해야한다는 기조를 갖고 세계 각국의 여러 단체에서 제작하여 공개하고 있는 로봇윤리헌장과 같은 범윤리적 차원의 규범을 제작하고 이와 더불어 생산되는 헬스케어 로봇, 킬러로봇, 반려로봇 등 인공지능 로봇 각각에 대해 생산자, 소비자, 판매자를 위한 윤리 가이드라인을 제시하며 사회의 공공선 창출 담론에 참여한다.

더 나은 AI,
더 나은 삶

마지막으로 인공지능기술이라는 그릇에 인문학적 정보를 담아 이를 활용하여 새로운 연구 성과를 창출한다는 목표아래 이러한 연구분야를 인공지능 인문데이터해석학이라고 설정하고 연구를 진행한다. 기존의 인문학 연구가 직관, 체험, 표현, 이해, 해석이라는 전통적인 인문학 방법론에 의한 활자텍스트에서 활자텍스트로의 이행인데 비해, 인공지능 인문데이터해석학이 표방하는 인문학 전산화(Humanities Computing), 데이터 마이닝(Data Mining), 데이터 시각화 등의 방법론을 이용하여 산출되는 인문고전텍스트의 결과물은 활자텍스트의 범위로부터 자유로운 결과를 산출한다. 인공지능 인문데이터해석학은 '인공지능이 등장하는 (넓은 의미의 인문데이터인) 인문고전콘텐츠에 대한 현대적 해석', 넓은 의미의 인공지능 기술인 디지털인문학 방법론을 이용한 인문고전의 현대적 해석 그리고 인공지능 시대의 인간성 재발견을 위한 디지털 기술을 이용한 인간성 데이터의 입체적 집적을 위한 방법론적 토대를 의미한다고 할 수 있다.

이 산문집은 갈 길이 먼 이 연구 도정의 한 켠에 자리한 숨 고르기 쉼터라고 할 수 있다. 쉼터의 그늘 목에 놓아둔 이 편린들의 손길, 그 손길에 호응한 분들의 생각과 질책, 위로의 말들을 감사하는 마음으로 기다린다. 인문콘텐츠연구소: aihumanities@cau.ac.kr

〈 참고문헌 〉

그림 1 https://www.theblog101.com/rather-than-threaten-jobs-artificial-intelligence-should-collaborate-with-human-writers/

그림 2 http://www.aitimes.com/news/articleView.html?idxno=145929

그림 3 https://cheap-sale.outletsale2022.ru/content?c=giochi%20macchine%20pc%20amazon&id=27

https://www.wallpaperbetter.com/ko/hd-wallpaper-chsct

https://ghostrunnergame.com/home-ko/

https://www.ixbt.com/live/games/assasssins-creed-puteshestvie-altaira-ibn-laahada.html

그림 4 https://www.appier.com/ko-kr/blog/what-is-supervised-learning

그림 5 https://kr.cyberlink.com/faceme/insights/articles/219/Facial-Recognition-at-the-Edge-The-Ultimate-Guide

그림 6 http://weekly.chosun.com/news/articleView.html?idxno=18552

그림 7 https://kr.freepik.com/free-photo/ai-nuclear-energy-background-future-innovation-of-disruptive-technology_17850501.htm#&position=0&from_view=detail#&position=0&from_view=detail

그림 8 http://www.coincatmedia.com/sub_read.html?uid=7884

그림 9 http://www.aifnlife.co.kr/news/articleView.html?idxno=10991

그림 10 https://blog.vasco-electronics.com/best-free-translator-apps/

그림 11 http://www.securityfact.co.kr/news/view.php?no=1941

그림 12 https://pont-most.hu/gep/dolgozzanak-nekunk-a-robotok/

그림 13 https://www.betranslated.be/nl/blog/hoeveel-vertaaldiensten-kosten/

그림 14 https://www.freepik.com/free-photos-vectors/foreign-language-icon/6

그림 15 https://www.freepik.com/premium-photo/3d-illustration-robot-humanoid-looking-forward-against-cityscape-skyline_19392184.htm#page=6&query=cyborg%20eye&position=46&from_view=keyword

그림 16 https://www.freepik.com/premium-photo/selfdrive-autonomous-car-with-man-driver-seat-conceptual_24047616.htm#page=11&query=cockpit%20interior&position=9&from_view=keyword

그림 17 https://news.zum.com/articles/75318360?cm=news_rankingNews

더 나은 AI,
더 나은 삶

그림 18 http://www.lecturernews.com/news/articleView.html?idxno=101810
그림 19 https://www.techopedia.com/can-ai-detect-fake-news/2/33955
그림 20 https://blog.naver.com/PostView.naver?blogId=kpfjra_&logNo=221172169747&categoryNo=9&parentCategoryNo=0
그림 21 https://www.wired.com/story/opinion-ai-is-an-ideology-not-a-technology/
그림 22 https://www.jjan.kr/article/20211221746609
그림 23 https://kr.freepik.com/free-vector/group-therapy-concept-people-meeting-and-talking-discussing-problems-giving-and-getting-support-vector-illustration-for-counselling-addiction-psychologist-job-support-session-concept_10613014.htm#query=%EB%8C%80%ED%99%95

AI 인문학 시리즈 1

더 나은 AI, 더 나은 삶

초판 1쇄 인쇄 2023년 2월 25일
초판 1쇄 발행 2023년 2월 28일

지은이 강우규 김형주 남영자 문규민 정유남
펴낸이 장치혁

펴낸곳 마이북하우스　　**출판등록** 제2012-000088호
홈페이지 www.mybookhouse.com
전화 0507-1328-7663　**팩스** 02-2179-8946
이메일 have2000@naver.com

값 15,800원
ISBN 979-11-972153-9-1 03370

- 잘못 만들어진 책은 구입하신 곳에서 교환해드립니다.
- 이 책의 전부 또는 일부 내용을 재사용하려면 사전에 저작권자와 마이북하우스의 동의를 받아야 합니다.
- 이 저서는 2017년 대한민국 교육부와 한국연구재단의 지원을 받아 수행된 연구임
 (NRF-2017S1A6A3A01078538).